授業・校務の大革命！

教師のための
ChatGPT

ホントに使えるプロンプト

監修 田中善将

著 和田誠 井上嘉名芽 古川俊 伊藤圭亮

生成系AIを使った教育活動を研究・実践する教師の会

時事通信社

教師こそ、AIに正面から 向き合わなくてはいけない 時代がきています

■ 2023年は「生成AI元年」でした

　みなさま、本書を手に取っていただき誠にありがとうございます。監修者の田中善将と申します。

　私は現職の教員として、企業人として、また最近では文部科学省の学校DX戦略アドバイザーとして、全国津々浦々の学校や先生方に、生成AIの研修やコンサルティングをおこなっています。

　生成AI元年と呼ぶべき2023年、ChatGPTは私たちの多様なニーズに対し、まるで人間かのように反応することでその名を一気に広めました。生成AIという言葉が2023年の流行語大賞のトップ10に入ったことは、その証とも言えます。

　知的生産を爆速でアシストするこの生成AIは、数々の業務のシーンで人々のタスクを代替しはじめています。ChatGPT以外にもGoogle Bard、Bing Chatなどが続き、競合しています。

　ビジネス界はもちろん、教育界においてもAIの活用が、期待されるようになってきました。現在ChatGPTは、「マルチモーダル（テキストや画像、動画、音声など多様な形で情報を把握し、また表現できる状態）」な能力を有しています。

　具体的な例を示します。右ページの画像は私の本棚をChatGPT-4（無料版の3.5より高品質な有料版のサービス。2023年12月時点）に解析させてみたものです。ChatGPT-4はこの一枚の画像から、私の仕事観をズバリ言い当てました。

● 具体的なプロンプトと挙動

この写真は、とある本棚の写真です。並んでいる本のタイトルから推測し、この本棚の持ち主がどのような職業であるかというのを推測してみてください。

 この本棚の写真を観察すると、さまざまなジャンルの本が存在しています。特に目につくのは教育に関する本、AIやICTの導入に関する本、数学や統計学、プログラミングに関する本などが並んでいます。

この情報を基に、本棚の持ち主は以下のような特性や興味を持っていると推測できます：

1. 教育に深い興味を持っていて、特にICTやAIの教育への応用に関心がある。
2. 数学、特に統計学に関する知識や興味を持っている。
3. プログラミングや技術的なトピックにも関心がある。

■ AIはすでに、子どもの学びや思考プロセスを ドンピシャで言い当てられる水準になっています

　このような推定がChatGPT-4にできるということは、例えばEコマースなどでは、顧客の特性の一部を予想し、そこからニーズに最適な広告を打つことも容易に可能だということです。

　これが教育に生かされると、どういうことになるのでしょうか。結果からお見せするとこんな形です。

　次ページの画像は、私が個人事業で指導している生徒との数学学習の実例です。ChatGPT-4に、1枚の画像を示しただけで生徒が学んでいる内容をでドンピシャで言い当てたのです。

　もちろん、今はまだ、この画像の解析は粗い部分もあります。しかし、実際にドリルに取り組んだ結果などとあわせれば、もう、AIが子どもたちの手書きデータや発言からその子の思考プロセスをドンピシャで推定できる状態であると思われます。

　最適な学習アドバイスも、個別に瞬時におこなわれることでしょう。

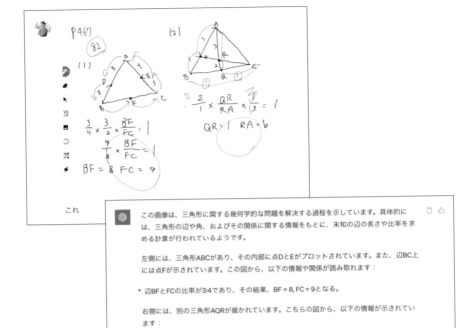

■ 私たち教師は子どものためにAIを「自分事」として 捉える責任があります

　私たち教育関係者が認識したいのは、これは「未来」の話ではなく、「今」の話だということです。AIは、次代を担う子どもたちにとって、身近なものになることは確実でしょう。今、AIを他人事と捉えるということは、教育界においては「無責任」であると断言してよいレベルだと私は考えます。

　この流れは、MicrosoftのCoPilotやGoogle Bardなどを通じて、今後さらに加速していくことでしょう。

　これらの生成AIは、プレゼンテーションの作成、画像編集、会議スケジュールのブッキング、過去のEメールや会議議事録の内容から、ユーザーに次のアクションを提案するなど、多岐にわたるタスクをサポートすることが可能です。

急激に発展するAI技術。留意しておきたい点は、私たちはこれらの生成AIを「人間の言語」で操ることができるということです。

今までのコンピュータによる業務の自動化は、専門的なプログラミング言語やコードによって制御されていました。しかし、生成AIは、難解なプログラミングの知識や、アプリケーション操作を覚えるプロセスは不要なのです。

■ AIを扱うための「言葉」をイメージする力が必要です

専門知識の代わり重要なのが、どのような言葉を使えば何ができるのかという「基礎的なイメージ」をもつことです。

本書では、ChatGPTの基本的な活用方法、その授業への転用、さらには仕事での応用まで、具体的な例を用いて解説しています。

"個別最適な学びを実現したい"
"深い学びにつなげたい"
"少しでも業務効率化を図りたい"

本書の著者陣は、そのような熱意をもって、実際に授業でAIを活用してきた教員たちです。子どもたちのよりよい学びの実現のために、ICT活用促進を担う先生方のお役に立ちたいと、工夫の末に編み出した現場で即役立つ最新のノウハウを紹介します。

教員はもちろん、学習塾などの教育支援事業者の方々や、保護者の方にもわかりやすく読んでいただけるように、本質的かつ抜本的な支援を実現するノウハウをまとめることができたと確信しております。

2024年度以降、GIGAスクール構想の第二幕は、より深いICT活用が求められるシーンとなっていくことでしょう。

ぜひ、本書を片手に、ChatGPTとチャットを交わして、読者のみなさまのスキルアップのお役に立てればと願っております。教育への情熱や深い知見をもつ先生方とともに、子どもたち一人ひとりに最適な教育を提供できる世界を一緒に創っていくことができれば、うれしく思います。

2024年2月　田中善将

もくじ

▼ 「個別最適な学び」が実現できる！

▼ 「深い学び」につながる

▼ 生徒の「学びの効率」をアップする！

◤ 生徒指導・保護者対応の質を上げる

◤ 業務効率を圧倒的に上げる！

■重要：文部科学省は、AIを利用するためのガイドライン（暫定版・P85QRコード参照）で、以下のような使用は不適切と示しています。本書の内容を授業で実践する際は、本ガイドラインに沿うよう注意してください。

●適切でないと考えられる例（要約）

①情報活用能力が十分育成されていない段階において自由に使わせる

②生成AIによる生成物をそのまま自己の成果物とする

③子供の感性や独創性を発揮させたい場面、初発の感想を求める場面などで最初から安易に使わせる

④教科書等の質の担保された教材を用いる前に安易に使わせる

⑤教師の代わりに安易に生成AIから生徒に対し回答させる

⑥定期考査や小テストなどで子どもたちに使わせる

⑦学習評価を、教師がAIからの出力のみをもって行う

⑧教師が教育指導を実施せずに、安易に生成AIに相談させる

※「初等中等教育段階における 生成AIの利用に関する暫定的なガイドライン」（2023年7月4日）

ChatGPTを教育利用するための3つの基礎知識

ChatGPTは、アメリカのOpenAIという会社が開発した対話ができる人工知能です。最初に、学校現場でChatGPTを活用するための基礎知識をお届けします。子どもたちの安全のためにも、必ず確認してください。

基礎知識① ChatGPTには使用可能年齢があります

●18歳未満は保護者の同意が必要で、13歳未満は使用不可です

　生成AIには使用可能年齢があります。**運営しているOpenAIの規約により13歳以上が使用可能で、18歳未満は保護者の同意が必要**と定められています。教育利用では、この**年齢制限の遵守**が求められます。保護者の同意を得る際は、**導入する目的やプロセスを丁寧に説明**するようにしましょう。また、実際に生徒が使用する際は、教員が適切な利用方法を示すことが大事です。

基礎知識② 無料で使えますが、アカウントが必要になります

●利用規約には必ず目を通しましょう

　ChatGPTを使用するためにはアカウントが必要です。トップ画面から・メールアドレス・生年月日・氏名を登録し、**2回目以降からはログイン**して使用します。なお、2024年1月現在、無料で使えるのはChatGPT3.5で、**より高機能の4.0は有料版のみで使用可能**です。

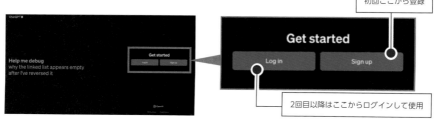

初回ここから登録

2回目以降はここからログインして使用

なお、**「利用規約」**には、下記の事項が記載されています。AIを利用する前にはこれらを必ず確認しましょう（翻訳サイトを活用してもよいでしょう）。

●データ入力注意事項
・法的制限：第三者の著作権、登録商標、著名人の顔写真・氏名
・個人・機密情報：個人情報、他者または自組織からの機密情報
●生成物の注意事項
・法的リスク：内容の虚偽、権利侵害（著作権、商標権、名誉毀損等）
・使用制限：商用利用、著作権発生
・ポリシー遵守：生成AIの使用ガイドライン

●使用にあたっての３つチップス（コツ）

ログイン後下記の「Tips」が英語で示されるので参考にしてください。

・質問する：ChatGPTは、質問に答えたり、学習の手助けをしたり、コードを書いたり、一緒にブレーンストーミングをしたり、いろいろなことができます。
・事実を確認する：ChatGPTは安全策を講じていますが、不正確な情報を提供する可能性があります。ChatGPTはアドバイスを提供するものではありません。
・機密情報を共有しない：チャット履歴は、当社のサービス向上のために確認または使用されることがあります。ヘルプセンターでお客様の選択について詳しくご覧ください。

基礎知識③　出力結果は毎回同じではありません

●過去の対話から得た情報を元に、新たな質問に答えている

生成AIは大量のデータを学習し回答しています。過去の対話からも情報を得ているので、**以前と同じ質問をしたとしても、出力結果は変わることがあります。**

●「批判的思考（クリティカルシンキング）」を高める使い方が適切

生成AIの出力が都度変わるということは、**「バイアス」があるということです。文部科学省もガイドライン（P.7、85参照）**の通り、子どもたちがファクトチェックなしで情報を調べたり、自らの成果物をAIに代替して作成させたりするといった使い方は、適切ではありません。

一方で、生成AIのバイアスを意識して生成AIと対話し、その出力を検証するプロセスは、子どもたちにとって新たな視点や気付きを得るだけでなく、**「批判的思考能力（クリティカルシンキング）」**を養う機会にもなるはずです。本書ではそうした使い方になるようなものを主として紹介しています。

ChatGPTの設定を変更して使いやすくする方法

ChatGPTは、アメリカで開発されたため、初期設定だと英語で表示されます。アカウントを作成したら、より使いやすくなるようにカスタマイズしていきましょう。また、必要があれば、セキュリティの強度も高めましょう。

基本設定

● 「設定」からカスタマイズ可能

　日本語で使用したい場合は、以下のように**「設定」から使用する言語を日本語に変更**します。「設定」ではこの他、背景色の変更、検索履歴などの管理もできます。

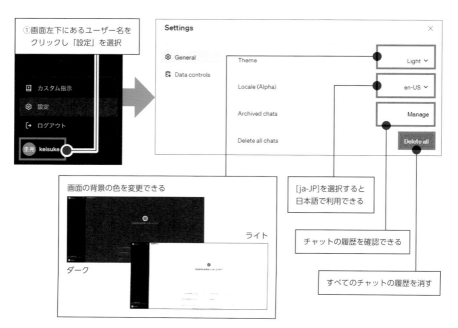

① 画面左下にあるユーザー名をクリックし「設定」を選択

画面の背景の色を変更できる

ライト

ダーク

[ja-JP]を選択すると日本語で利用できる

チャットの履歴を確認できる

すべてのチャットの履歴を消す

● もし生徒から「動かない」とい声が聞こえたら……

　ChatGPTの設定ではなく、ブラウザの翻訳機能を使って日本語表示にする方法もあります。しかし、この方法だとChatGPTが動かなくなるなどの不具合が発生するので、「設定」から言語を切り替える方法をおすすめします。ブラウザの翻訳機能を使っている場合、画面左上の文字が右の画像のように日本語で「新しいチャット」となっています（設定で変更の場合は「Newchat」と表示される）。

▍セキュリティ設定とデータ制御

● 個人情報の入力は避ける

　前述した通り、ChatGPTは、入力されたプロンプトを学習に利用し、新しい回答を出力します。これは、**個人情報や機密情報を入力した場合、外部に流出する危険性がある**ということです。ChatGPT はこの学習機能をオフにすることができます。ただし、オフにしても30日間は保存されていて、サービスを提供する会社の担当者はデータを確認できるので、**個人情報などは絶対に入力しないように**しましょう。

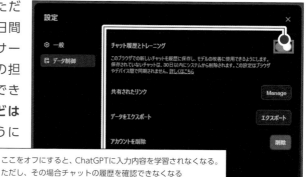

ここをオフにすると、ChatGPTに入力内容を学習されなくなる。ただし、その場合チャットの履歴を確認できなくなる

● 表：オンとオフの場合の違い

★データ管理オン
・入力した内容を、AIの学習や改善に使用される（情報漏洩の可能性がある）
・スレッドでの管理ができる（次回の学習で引き続き活用できる）
★データ管理オフ
・学習や改善に使用されない
・履歴サイドバーは表示されない（次回の学習で使用できない）
・悪用を監視するため、すべての会話は完全に削除されるまで30日間保存される

これだけは知っておきたい「プロンプト」の4つのコツ

前知識なくChatGPTに質問をしても期待した回答を得られず、がっかりすることもあります。これはAIへの指示（＝プロンプト）がよくないからかもしれません。ChatGPTを上手に使いこなすためのプロンプトのコツを4つ伝えます。

コツ① プレーンテキストではなく記号を交えて指示を伝える

●記号を使って情報を伝える

　ChatGPTは、文字のみで構成される「プレーンテキスト」で対話可能です。しかし、何らかの命令や指示を伝える場合には、記号を用いたり、文章を構造化した「**マークダウン記法※**」の記号を使用したりしたほうが、期待に近い結果を出力することが多いです。下記は、本書で紹介するプロンプトでよく使っている記号です。

> ※マークダウン記法：ウェブ上でテキストを構造的に記述する際などに使う手法。文章の頭に記号を付けて、見出しや段落、箇条書き、装飾などを、デジタル上で表現する。

●本書のプロンプトで使っている記号

記号	説明
-	箇条書きを示すマークダウン記法の記号。
- [ ]	チェックボックスを示すマークダウン記法の記号。この記号の後に続く内容は、実行しないといけないタスクとしてAIに認識される。ハイフンとカッコの記号のあいだにはすべて半角スペースを入れる。
#	「見出し」を意味するマークダウン記法の記号。AIはこの記号に続くフレーズを1つのトピックとして認識するようになる。#で「見出し1」（トピック1）、##で「見出し2」（トピック2）となる。見出しを組み合わせて、情報を構造化して指示を出せるようになる。記号とテキストの間には、半角スペースを入れる。
" " { }	フレーズを強調する記号。例えば、"大事なテーマ"と入力することで、AIにこのテーマをより正しく認識させることができる。

" " "	文章を区切る記号。例えば右のように使う。

> - [ ]以下の文章を英訳してください。
> """
> 翻訳すべき長文翻訳すべき長文翻訳すべき長文翻訳すべき長文
> """

1. 1)	AIに手順を指示する時に用いる。実行すべきことをステップバイステップで明確に指示することで、こちらが意図した出力になる確率が高まる。
< > < / >	HTML（ウェブページを構築する際に使われる言語）のタグを表現する際に使われる記号。こちらの意図をHTMLのタグで定義することで、ChatGPTにより明確な指示を伝えられる。

▶ コツ② 情報を構造化して伝える

●マークダウン記法を活用する

　例えば文章で指示を受け取る時、人間でもだらだらと長い文章で書かれたものだと、読みづらいです。同じように、ChatGPTにも、**長い文章よりも短い文章で情報を構造化したプロンプトで指示を出したほうが、期待する回答に近づくことが多い**ようです。

　構造化する際は、「マークダウン記法」を使用します。以下は、長文で曖昧な情報も含んだプレーンテキストによる指示と、マークダウン記法で構造化した指示の例です。

・プレーンテキスト

> 私は中学校教師で、修学旅行の企画運営係をすることになりました。修学旅行の自由行動のモデルコースを考えないといけませんが、アイデアが浮かびません。
> 「日本の文化の変遷を感じる歴史学習」というテーマが設定されているのですが、金閣寺と清水寺は絶対に行きたいです。1日でできるだけ効率よく寺社仏閣を訪れるというモデルコースは、どんなものだと思いますか？生徒には、出発地は10時に京都駅で、京都駅前のホテルに15時に集合してもらいます。
> 毎年、学校でタクシーを手配しているので、今年も同じようにすると思います。

・マークダウン記法による構造化

> # 役割
> あなたは中学校の教師で、修学旅行の企画運営係です。
> # 指示
> 以下の条件に従って、京都での自由行動のモデルコースを考えてください。
> # テーマ
> - [ ] 日本の文化の変遷を感じる歴史学習
> # 条件
> - [ ] できるだけ多くの寺社仏閣を訪問
> - [ ] 金閣寺と清水寺は必ず訪問
> ## 移動手段
> - [ ]チャータータクシー
> ## スケジュール
> - [ ] 10時に京都駅出発
> - [ ] 15時に京都駅前のホテル集合

● 「役割とゴール」をはっきり設定する

　前頁のマークダウン記法によるプロンプトでは、**最初に「# 役割」と「# 指示」と見出しを立てて、はっきりとChatGPTに伝えています。**このように、何を目的として、ChatGPTにどんな任務をさせたいのかをはっきりと伝えると、回答の精度はより高まります。曖昧な指示だと、求める内容からかけ離れた回答になることがあるので、言葉遣いは明確に、はっきりと指示します。

> ×　○○について教えて
> ○　○○のメリットとデメリットを端的に示して

● 情報が多いほど、精度の高い回答になる

　ChatGPTは、情報が少ない大雑把な質問に対しては大雑把な回答を返してきます。下記のように、できるだけたくさんの条件を伝えて質問するほうが、求める内容に近い回答を期待できます。

> ×　「調理実習のアイデアを出して」
> ○　「小学校●年生向けの調理実習で、××と△△の栄養素を摂取でき、みんなで役割分担できるレシピのアイデアを出して」

● 必要があれば出力形式も指示する

　ChatGPTは、特に指定しなければ、プレーンテキストで回答してくることがほとんどです。プレーンテキストだと情報が理解しづらいと感じられる場合は、**「箇条書きにして」や「表形式でまとめて」「400字で要約して」**など、**出力結果を指定する**とより見やすいものになることもあります。

　また、文章表現についても**「小学校5年生でも分かるようにまとめて」**など指定すると、よりかみ砕いたものに変換されます。右ページの画像は、ドストエフスキーの『罪と罰』を要約させた場合の出力結果の違いです。

> **ChatGPT**
> 『罪と罰』（Crime and Punishment）は、ロシアの作家フョードル・ドストエフスキーによって1866年に発表された小説です。以下は、簡単な要約です。
>
> 物語の主人公は、名前はロジョン・ロマノヴィッチ・ラスコーリニコフという青年学生です。ラスコーリニコフは、自分の特別な能力と理論に基づいて、法の下で犯罪を犯すことが正当化されると信じています。その信念のもと、彼は老婦人アリョーナ・イヴァノヴナの殺害を計画し、実行します。
>
> 犯罪の後、ラスコーリニコフは罪の意識や～
> ボルフィリーとの対話や他の登場人物たち～
> に対する疑念と闘います。同時に、彼は彼～
> 愛する女性ソーニャとの関係にも直面しま～
>
> 物語は、ラスコーリニコフが罪を告白し、自～
> 彼の罪悪感や苦悩、そして最終的な贖罪～
> ています。『罪と罰』は道徳的な葛藤や心～
> 代表作の一つとされています。

ドストエフスキーの『罪と罰』
を要約して

> **ChatGPT**
> 『罪と罰』は、ロシアの作家フョードル・ドストエフスキーによる小説で、物語の中心には主人公ラスコーリニコフという若者がいます。以下は、小学5年生に向けた簡単な要約です。
>
> 物語は、貧しい学生であるラスコーリニコフが、社会の不公平さや自己中心的な考えに苦しみながら生きている様子を描いています。彼は独自の哲学を持ち、一部の人々が他の人々よりも特権を持つことに反発しています。
>
> 彼はある日、金持ちの女性とその娘を殺すという犯罪を犯します。この行為により彼は罪悪感と恐怖に苛まれ、物語は彼の内面の葛藤と警察との追い詰められた関係を描いています。
>
> 最終的には、ラスコーリニコフは自分の罪を認識し、贖罪の旅に出ます。彼の心の変化や成長が物語の核となり、読者には自己責任や他者への思いやりの重要性が伝えられます。
>
> この小説は難解な部分もありますが、主題としては善悪や罪と贖罪、人間の心の葛藤について考えさせられる作品です。

ドストエフスキーの『罪と罰』
を小学校5年生でも分かるよ
うに要約して

■ コツ④ ChatGPTから人間に質問させるのも有効

●対話を進めて結論を導く

　例えば、何を食べたいのか、自分でも分からない時があります。そんな時、**ChatGPTに、「私に質問してください」などと命令してみましょう。**すると「甘いものとしょっぱいもののどちらが好きですか？」などの質問が始まります。こうした対話を進め、結論を導くことも可能です。

> **あなた**
> 食べたいものがありません。夕飯のメニューが決まるように、一問一答形式で私に質問してください。

> **ChatGPT**
> 了解しました。では、以下の質問に答えてくださいね。
>
> 1. お好きなタイプの料理はありますか？例えば、和食、洋食、中華、イタリアンなど。

この本の使い方

> 実践のテーマです。

> AIの出力は毎回変わります。書いてある通りに動かないこともあるため、「成功率」を示しています（成功率は編著者による感覚的なものです）。

「個別最適な学び」が実現できる！

成功率 ★★★☆☆

学びが定着しているか生徒自身で確認できる

スキル 2 「AIチューターとの 対話で振り返り」

■ ハンコや一言コメントだけになっている振り返り

生徒たちが一人ずつおこなう振り返りは、教師がすべて把握するのは難しく、フィードバックもなかなかできません。グループワークでは、多角的な視点に気付けるようにサポートするのに苦労します。

そのような時、AIを活用することで生徒は自分の考えを客観的に捉え、新たな気付きを得ることができるようになります。教師もAIの履歴から生徒の思考過程を理解でき、振り返りについて、より的確なサポートをすることができるようになります。

実践レビュー

ここがスゴイ！
- 今日学んだことをすぐに振り返ることができる
- 新しい視点や気付きをもつことができる
- 会話履歴から生徒の学びの確認ができる

ここに注意！
- すべての授業ではなく、ワンポイントで実践する
- 間違った出力をすることもあるので、本当に正しいか「リテラシー」が必要
- クラスメイトの名前や学校、個人情報などを入力しない

授業の終わりに振り返って学びを定着！

学びがブラッシュアップされる！

24

▶ **プロンプト実例①** 「ペルソナ」を設定する

● このプロンプトは、AIにチューターになってもらうりをサポートします。生徒は、学習で学んだことやして、知識が定着しているか自分で確認していきま験でも問われることがあるアメリカの教育心理学者しました。

生徒が入力

- [ ] 私は長い文章を嫌いますので、あなたは質問は1回に1個しかしてはいけません。
- [ ] 一問一答形式とします。
- [ ] プロンプトを読み込んで理解したら、何も表示しないで

\# 制約条件：
- [ ] あなたはAIチューターとして、私が学んだことをブラッシュアップすることをサポートして
- [ ] 私が学んだことは"水の電気分解"
- [ ] 私は中学2年生

\# ステップ：
- [ ] あなたは、私が学んだことについて、Bloom's Taxonomyに基づいて分析して、学びをサポートするための質問を実行してください。ただし、新しい知識は提供せずに、学習者に学びを促す質問を続けて ▶

ChatGPTに指示を出すときは、「一問一答形式で」「簡け冗長な表現を避けるように指定すると、的確な回答が

> AIでできることです。なお、紹介する内容は、断りのない限り、無料で利用できるChatGPT3.5を活用した実践を想定しています。

> 実践の際に気を付けるべき点です。

> AIをうまく動かすためのコツです。

> 応用してできることをご紹介します。

● コピよい以降

● 対話ていいる

28

注意・必ずお読みください

- 本書の内容は2024年1月時点の最新情報をもとにしています。お使いの機種やOS、アップデートの状況によっては操作方法や表示画面が異なる場合ものあるのでご了承ください。
- インターネット上の情報は、URL、サービス内容が変更される可能性があるのでご注意ください。
- 本書はAIを活用した実践の紹介のみを目的としています。本書の実践を運用する際は、必ずお客様自身の責任と判断でおこなってください。本書の利用によって生じる直接的・間接的な運用結果について、時事通信社と著者はいかなる責任も負いません。

QRコードのリンク先に「プロンプト実例①」のテキストデータを格納しています。コピペしてお使いください。改編なども自由です。

実践するにあたっての著者からのアドバイスです。

25

②生徒が「リンクをコピー」をクリックしてURLを教師に送る

Google ClassroomやGoogleフォームで集めると ……ちの振り返りの様子や新しい気付きに応じて、次回 ……にできますね。

応用編

、生徒がChatGPTにどのような指示をして対話をし ……できます（右ページ画像）。どのような疑問をもって ……のかをより的確に把握することができます。

「個別最適な学び」が実現できる！

- 対話のリンクは、生徒同士で共有してもよいでしょう。クラスメイトの振り返りの様子から、新しい気付きや視点を得ることができます。また、上手な人のプロンプトを見て真似ることで、ChatGPTの使い方も相互に向上していきます。

水の電気分解質問

2024年1月10日

指示
- 「」には使い手を導いますので、あなたは質問には絶対に答えてはいけません。
- 一問一答形式とする。
- 「」プロンプトを読み込んで理解したら、何も答えない

知的条件
- 「」あなたはAIチューターとして、私が学んだことをブラッシュアップすることをサポートする。
- 「」私が学んだことは"水の電気分解"。
- 「」私は学中対話

ステップ
- 「」あなたは、私が学んだことについて、Bloom's Taxonomyに基づいて分析して、学ぶべき質問を実行してください、ただし、新しい知識は提供せずに、学習者の学びを促す質問を続けて

ChatGPT
理解しました。では、Bloom's Taxonomyに基づいて、水の電気分解に関する質問をします。

1. 知識活用 (Remember)
- 水の電気分解がどのような学び方ですか？

あなただけのGPTを作るならPlusにアップグレードしてください

👆 POINT 実践者からのワンポイントアドバイス

この実践を通じて、授業で学んだことをアウトプットして、生徒自身が、自分で何がわかって、何がわかっていないのかに気付くことができます。これまでの振り返りでは、教師の問いかけが重要で、そこから気付きを得ることが多かったと思います。しかし、振り返りについて、授業時間の中で全員分をチェックし、フィードバックするのは、現実的に不可能でした。記述した内容をチェックして、細かくコメントを書けばフィードバックできましたが、多大な労力がかかり、簡単にはできません。

ChatGPTを使えば、生徒たちが、対話形式で自然に自分の考えをアウトプットすることができます。上手に言語化できないことで、今日の学びが不十分であったと気付く生徒もいます。

もちろん、ChatGPTが間違った出力をすることもあります。しかし、しっかりと授業で学んでいる生徒は、それに対しても間違いを指摘することができるようになります。教師は、そのような対話のリンクを見つけて、クラスや他の教師と共有することで、新たな学びにつなげることもできます。多くの目で生徒たちの学びを見守っていくことが大事です。

(伊藤)

29

17

成功率 ★★★★☆

完全オート＆途中で質問もできる

「無限に続く 英単語クイズ」

■ AIが生徒に問題を出し続ける

　英単語を覚えるために、英語の授業で問題を配付することがあります。単語を選んで、それをパソコンに入力して、紙に印刷して、配付するという作業を教師がやりますが、毎回だと時間がかかりすぎます。このような作業はAIに任せて短時間で済ませて、授業そのものの予習や準備にもっと時間を使う方法を紹介します。

実践レビュー

ここがスゴイ！

- 適切なレベルの英単語を選べる
- 毎回異なる問題が生成され、何回でも続けられる
- 途中でAIに質問もできる

ここに注意！

- 難しすぎる、あるいは簡単すぎる場合などがあるので、プロンプトや対話を上手く入力して調整することが大事
- 英語以外の教科の問題は、うまく生成されないことが多い

生徒の学習レベルにあった問題が作成され、フィードバックされる

生徒もおもしろがって前向きに取り組む！

コピペ用text

● このプロンプトは、教師が生徒にプロンプトのテキストデータを渡して、生徒がChatGPTにデータを貼り付けておこなうのがよいでしょう。生徒自身が解答し、AIからフィードバックをもらうように使うと効果的です。なお、生徒がChatGPTを操作する場合は、必ず事前に学校と保護者の同意を得ておくようにしましょう。

生徒が入力

\# 役割とゴール

- [ ] あなたは中学校の英語教師です。授業の冒頭や最後に行う英語の小テストを次々と作成してください。

- [ ] 小テストの問題は、CEFR B1レベルの単語から出題してください。

- [ ] 難易度は高めに設定して、中学生の平均正答率が約50％になるように調整してください。

\#\# ステップ

次の1-3をステップバイステップで繰り返しながら、私が「完了」と伝えるまで繰り返します。

1. あなたはCEFR B1リストからランダムに一つの英単語を選択し、その英単語を表示してください。

（※中略）

2. 私はその問題に回答します。

3. あなたは私の答えを評価し、正解なら次の問題に移動し、不正解ならフィードバックを中学生でもわかるように表示し、ステップ1に戻ります。

> CEFR（セファール）とは外国語の運用能力・熟達度を同一の基準で評価するグローバルスタンダードな指標のこと。CEFRでは、外国語の運用能力を「6段階」で評価する。下から順に「A1」「A2」「B1」「B2」「C1」「C2」となる

> ここで難易度を調整するが、あくまで目安。想定通りに出題されないこともある

> 出題の終了の仕方を指示しておくことで、生徒が好きなタイミングでテストを終了することができる

> 正解の場合と不正解の場合の指示をすることで挙動がよくなる

（※中略）の箇所に、選択肢の具体的な指示（「4つの選択肢を表示」「正解は1つ」など）を指定すると問題の精度が上がる

※ここから先の展開はあくまで一例です。AIによる出力結果は毎回異なります。

展開例② AIが英単語クイズを出題する

● プロンプト実例①を受け、ChatGPTが、指示されたレベル（CEFR B1）の英単語の中から、ランダムに問題を作成します。

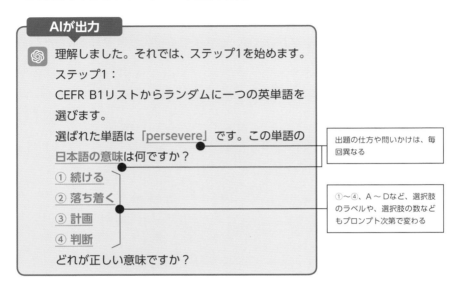

AIが出力

理解しました。それでは、ステップ1を始めます。

ステップ1：

CEFR B1リストからランダムに一つの英単語を選びます。

選ばれた単語は「persevere」です。この単語の日本語の意味は何ですか？

① 続ける

② 落ち着く

③ 計画

④ 判断

どれが正しい意味ですか？

出題の仕方や問いかけは、毎回異なる

①〜④、A〜Dなど、選択肢のラベルや、選択肢の数などもプロンプト次第で変わる

● 出題形式は、必ずしも上記のようなものとは限りません。もしプロンプトの指示通りに出力されていない時は、「再生成」のボタンを押すか、「新しいチャット」を押してやり直しましょう。

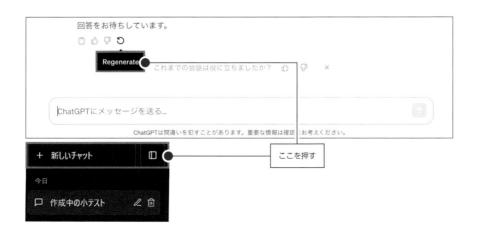

回答をお待ちしています。

Regenerate　これまでの会話は役に立ちましたか？　×

ChatGPTにメッセージを送る...

ChatGPTは間違いを犯すことがあります。重要な情報は確認してお考えください。

＋ 新しいチャット

今日

作成中の小テスト

ここを押す

展開例③　生徒が解答を入力する

● 選択肢のうち１つを選んで生徒が解答します。

①を１と解答したり、半角全角が異なったりしても、大体の場合OK

展開例④　正解・不正解やフィードバックの表示

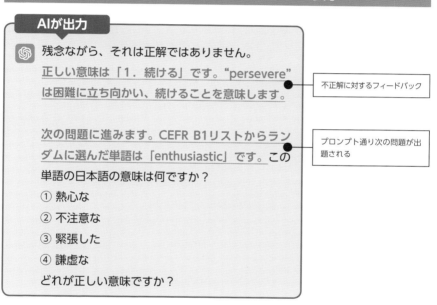

AIが出力

残念ながら、それは正解ではありません。
正しい意味は「1．続ける」です。"persevere"は困難に立ち向かい、続けることを意味します。

次の問題に進みます。CEFR B1リストからランダムに選んだ単語は「enthusiastic」です。この単語の日本語の意味は何ですか？
① 熱心な
② 不注意な
③ 緊張した
④ 謙虚な
どれが正しい意味ですか？

不正解に対するフィードバック

プロンプト通り次の問題が出題される

● プロンプト実例①で適切なプロンプトを入力しておけば、あとはChatGPTが指示通りに正解不正解を表示し、簡単なフィードバックの後、次の問題を自動的に生成するという流れが、人間が「ストップ」と入力するまで永遠に繰り返されます。

ワンポイント

途中で、よくわからなかった単語や、もっと詳しく知りたい単語が出た場合、ChatGPTと対話して、確認していくとよい（次頁参照）

▶ 展開例⑤　もっと知りたいことがあったらChatGPTに質問

● 出題された英単語について疑問が生じた場合、すぐにChatGPTに質問して みましょう。疑問をすぐに解決したほうが学習効果は高いです。

> **生徒が入力**
>
> 「enthusiastic」は「1．熱心な」を意味します。」とありますが、これに類似 した英単語はありますか？　

▶ 展開例⑥　AIが質問に対して回答

> **AIが出力**
>
> 「enthusiastic」に類似した英単語として、以下の単語が考えられます。
>
> 1 Eager：熱心で、熱望していることを表します。
> 2 Enthusiastic：もちろん、"enthusiastic"自体が熱心さを表す言葉です。
> 3 Passionate：情熱的で、熱中していることを示します。
> 4 Zealous：熱心で、熱狂的な様子を表す言葉です。
>
> これらの単語は、熱心や情熱を持つ状態を表す際に使われます。ただし、 微妙に異なるニュアンスを持つことがあるので、文脈に応じて適切な単語 を選ぶことが重要です。

▶ 展開例⑦　もう一度問題に戻るように指示

> **生徒が入力**
>
> わかりました。小テストに戻ってください。

 ワンポイント！ この指示を入力すると、再度４択の英単語の出題に戻る。基本的に「完了」と入力 するまで続くが、もし途中で急に終わっても「小テストを続けて」と指示すれば継 続するはず

応用編

● 単語だけでなく文法や文例の問題を作成することも可能です。

● 例えば、プロンプトから英単語を除いて、代わりに「CEFR B1リストからランダムに一

> 了解しました！CEFR B1レベルの英文法問題を作成し、選択肢付きの小テストを提供します。まず、最初の問題を出題します。
>
> **問題1: 文法空欄の選択肢**
>
> 英文: My sister ___ the guitar every evening.
>
> 選択肢:
> ① is playing
> ② play
> ③ plays
> ④ played
>
> どの選択肢が空欄に適していると思いますか？選んでください（例：選択肢1）。
>
> ご質問待ちしております。

つの英文法の問題を選択し、その問いたい箇所を空欄にして表示してください。」という指示を入れると、画像のような問題が出力されました。

👆 POINT 実践者からのワンポイントアドバイス

　紙に印刷した問題は、作成や配布などに大変な手数がかかります。ChatGPTを使うことにより、これらの作業量が大幅に減ります。しかし、私は最大のメリットは教師の負担軽減ではなく、生徒の学習効果増大だと思います。

　紙だと、全員が同じ問題を同じ数だけ解き、問題の解説も「一斉授業」形式で講義するしかありませんでした。一方、ChatGPTを使うと、毎回違う問題がランダムに作成され、瞬時に解答とフィードバックが得られます。しかも、インターネットさえあれば、いつでもどこでも、何度でも繰り返し学習することができ、極めて高度な「個別最適な学習」が実現できます。

　ただし、弱点もあります。この英単語クイズのプロンプトを使って、他の教科に応用できないか、いろいろと試してみました。私は中学社会の担当なので地理や公民での出題を実験しましたが、全く事実と異なる問題や正解例が散見される場合もありました（2023年10月時点）。

　ChatGPTは英語が得意なものの、日本国内のさまざまな知識については弱い部分があるとも言われています。社会の問題については「ハルシネーション（→P84）」と呼ばれる特徴が出たものと思われます。これについては有料版のChatGPT4.0を契約してさまざまなプラグインの機能などを使うと解決するかもしれませんし、無料版でも今後改善されていくと予測しています。　　**（和田）**

成功率 ★★★☆☆

スキル **2**

学びが定着しているか生徒自身で確認できる

「AI チューターとの 対話で振り返り」

■ ハンコや一言コメントだけになっている振り返り

　生徒たちが一人ずつおこなう振り返りは、教師がすべて把握するのは難しく、フィードバックもなかなかできません。グループワークでは、多角的な視点に気付けるようにサポートするのに苦労します。

　そのような時、AIを活用することで生徒は自分の考えを客観的に捉え、新たな気付きを得ることができるようになります。教師もAIの履歴から生徒の思考過程を理解でき、振り返りについて、より的確なサポートをすることができるようになります。

実践レビュー

ここがスゴイ！

- 今日学んだことをすぐに振り返ることができる
- 新しい視点や気付きをもつことができる
- 会話履歴から生徒の学びの確認ができる

ここに注意！

- すべての授業ではなく、ワンポイントで実践する
- 間違った出力をすることもあるので、本当に正しいか「リテラシー」が必要
- クラスメイトの名前や学校、個人情報などを入力しない

授業の終わりに振り返って学びを定着！

学びがブラッシュアップされる！

コピペ用text

▶ プロンプト実例① 「ペルソナ」を設定する

● このプロンプトは、AIにチューターになってもらうことで、生徒の振り返りをサポートします。生徒は、学習で学んだことや自分の考えをAIと対話して、知識が定着しているか自分で確認していきます。今回は教員採用試験でも問われることがあるアメリカの教育心理学者ブルームの理論を活用しました。

生徒が入力

- [ ] 私は長い文章を嫌いますので、あなたは質問は1回に1個しかしてはいけません。
- [ ] 一問一答形式とします。
- [ ] プロンプトを読み込んで理解したら、何も表示しないで

> ChatGPTは一度に大量の文章を出力をする場合があるので、対話形式を指定する

制約条件:
- [ ] あなたはAIチューターとして、私が学んだことをブラッシュアップすることをサポートして
- [ ] 私が学んだことは"水の電気分解"
- [ ] 私は中学2年生

> ChatGPTに役割を設定する

> "　"の間に、授業で学んだことを入力（展開例②でAIにテーマなどを正しく認識させる際に役立つ）

> 学習者の学年などを指示することで、回答の精度が上がる

ステップ:
- [ ] あなたは、私が学んだことについて、Bloom's Taxonomyに基づいて分析して、学びをサポートするための質問を実行してください。ただし、新しい知識は提供せずに、学習者に学びを促す質問を続けて

> 分析のための材料として、専門的な理論を指示すると、その理論に従って応答してくれる。ここで例示したBloom's Taxonomy（＝ブルームの教育目標分類学）は、学習者の認知スキルを、①知識→②理解→③応用→④分析→⑤評価→⑥創造の階層に分類したもの

> ChatGPTはすぐに知識を与えようとするので制限する指示を追加

ワンポイント！ ChatGPTに指示を出すときは、「一問一答形式で」「箇条書きで」など、できるだけ冗長な表現を避けるように指定すると、的確な回答が生成される

※ここから先の展開はあくまで一例です。AIによる出力結果は毎回異なります。

▌ 展開例② AIが質問を生成する

●以下のようにAIが質問を生成してきます。

> **AIが出力**
>
> 🌀 理解しました。あなたの質問に対して、Bloom's Taxonomyに基づいた質問を使って学習をサポートします。あなたが学んだ"水の電気分解"に関する質問を始めましょう。
>
> 知識（Knowledge）：水の電気分解について基本的な事実を思い出してみましょう。例えば、水の電気分解は何を生じるプロセスですか？また、次の質問に進む前に、この質問に対する回答を教えてください。

> プロンプト実例①で""内に入力したテーマをAIが適切に認識していることが、ここで確認できる

> Bloom's Taxonomyの①「知識」を問う質問

> 水の電気分解についてのAIからの質問

●出力される内容は、毎回同じではありません。また、一問一答形式ではなく、たくさんの質問を出力することもあります。その際は、「再生成」をクリックして、出力し直します。なお、たまに間違えるので、教師のチェックは必要です（チェックの方法は展開例⑤参照）。

▌ 展開例③ 回答と質問を繰り返して、授業を振り返る

●ChatGPTの質問に回答します。するとChatGPTが、さらに理解度合いを確認したり、新しい視点を促す質問を出力するので、回答を繰り返していきます。

> **生徒が入力**
>
> 水にプラスとマイナスの電気を加える。

> やや不完全な回答を入力したケース

> **AIが出力**
>
> 🌀 それは正しいです。水の電気分解は、水に電気を加えて水分子を水素ガス（H2）と酸素ガス（O2）に分解するプロセスです。

> 「それは正しい」といいながら、さらに正確な水の電気分解のプロセスが提示された

展開例④　わからない質問が生成されたら

●ChatGPTが、難しい内容を出力することがあります。わからない言葉や説明があった場合は、その場でどんどん聞いていきます。新しい知識やそれに付随する多様な知識を身に付けることができるようになります。

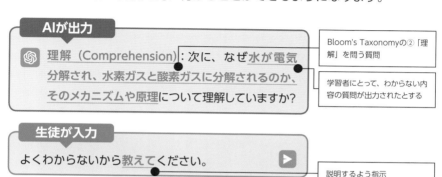

AIが出力

🌀 理解（Comprehension）：次に、なぜ水が電気分解され、水素ガスと酸素ガスに分解されるのか、そのメカニズムや原理について理解していますか？

Bloom's Taxonomyの②「理解」を問う質問

学習者にとって、わからない内容の質問が出力されたとする

生徒が入力

よくわからないから教えてください。　▶

説明するよう指示

ワンポイント！　より強めのリアクション＝はっきり質問することで、ChatGPTは、こちらが求めるものにより近い内容を出力する

NG×　わからないのに、適当な答えを入力しない。わからないことや曖昧な返答を入力すると、期待する学習から離れてしまうので注意が必要となる

展開例⑤　対話の記録を教師に提出する

●ChatGPTと振り返りの対話が終わったら、生徒は以下の方法で対話のリンクを生成して、教師に提出します。教師は、この対話の履歴を見て、相対評価の材料にすることができます。

チャットを共有する　⬆

①画面上部にある共有ボタンあるいは「チャットを共有する」というアイコンをクリックすると次のページのような画面が表示される

27

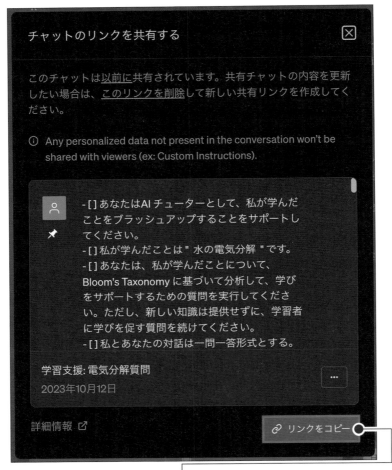

②生徒が「リンクをコピー」をクリックしてURLを教師に送る

●コピーしたリンクは、Google ClassroomやGoogleフォームで集めると
よいでしょう。生徒たちの振り返りの様子や新しい気付きに応じて、次回
以降の教材研究の材料にできますね。

───────────────── 応用編 ─────────────────

●対話のリンクを開くと、生徒がChatGPTにどのような指示をして対話をし
ているかを見ることができます（右ページ画像）。どのような疑問をもって
いるのか、理解しているのかをより的確に把握することができます。

● 対話のリンクは、生徒同士で共有してもよいでしょう。クラスメイトの振り返りの様子から、新しい気付きや視点を得ることができます。また、上手な人のプロンプトを見て真似ることで、ChatGPTの使い方も相互に向上していきます。

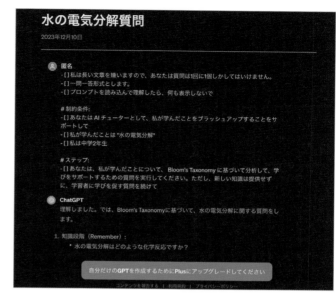

POINT 実践者からのワンポイントアドバイス

この実践を通じて、授業で学んだことをアウトプットして、生徒自身が、自分で何がわかって、何がわかっていないのかに気付くことができます。これまでの振り返りでは、教師の問いかけが重要で、そこから気付きを得ることが多かったと思います。しかし、その振り返りについて、授業時間の中で全員分をチェックし、フィードバックするのは、現実的に不可能でした。記述した内容をチェックして、細かくコメントを書けばフィードバックできましたが、多大な労力がかかり、簡単にはできません。

ChatGPTを使えば、生徒たちが、対話形式で自然に自分の考えをアウトプットすることができます。上手に言語化できないことで、今日の学びが不十分であったと気付く生徒もいます。

もちろん、ChatGPTが間違った出力をすることもあります。しかし、しっかりと授業で学んでいる生徒は、それに対しても間違いを指摘することができるようになります。教師は、そのような対話のリンクを見つけて、クラスや他の教師と共有することで、新たな学びにつなげることもできます。多くの目で生徒たちの学びを見守っていくことが大事です。 **(伊藤)**

成功率
★★★★★

スキル
3

自分が理解していないところがわかる！
「英作文の個別添削
レッスン by AIコーチ」

■ 生徒にもっと英語の添削をしてあげたい！

　小学校から外国語活動が導入され、英語の「読む、書く、聞く、話す」の4技能が求められています。書くスキルを上げるためには、生徒自身がたくさん英文を書くことが大切ですが、教師は忙しく、細かい添削やアドバイスをする時間があまり確保できません。

実践レビュー

ここがスゴイ！

- 文法や単語の綴り間違いなどがほぼ完璧に指摘される
- 添削だけでなく、今後どのように英語の学習をすればよいかアドバイスも得られる

ここに注意！

- 日本語でなく英語のプロンプトのほうが、よい結果が得られる可能性が高い
- 文法ではなく、内容面のチェックについては、ChatGPTの添削後に教師が自分の目でおこなう

生徒の英文を細かく
添削するのは大変

AI はこれを瞬時に添削

コピペ用text

▶ **プロンプト実例①** 日本語でプロンプトを入力

● 元々英語が得意で、プロンプトを英語で直接書くことができる人はこのステップは省略できます。書けない人は、以下のように日本語を入力して、ChatGPTに英語に翻訳させてください。

教師が入力

- [ ] 以下のプロンプトを<u>英語に訳して</u>ください。

　 ・・・・・・・・・・・→ 最初に「英語」に訳すよう指示する

役割
あなたは高校の英語教師です。生徒が書いてきた英作文について、次の# ステップで添削、修正し、アドバイスを与えてください。
ステップ
1 以下に問題文と、生徒が書いた英作文を入力するので、これを理解する。
　<u><問題：問題文をここに入力></u>
　<u><解答：生徒の英作文の文章を入力></u>

・・・・・・・・・・→ 教師が生徒に出す「問題」と、生徒が書く「解答」を<>の中に貼り付ける。「問題」がない場合は解答のみでOK

2 生徒が書いた英文の単語や文法語法上の誤りを太字で表示する。
3 正しく直した箇所を太字で表示する。
4 間違え、修正、理由を表形式で説明する。
5 まずは生徒を褒め、今後どのような勉強をすればよいかアドバイスを与える。

・・・・・・・・・・→ ここでは表形式などを指定したが、こだわらなくてもよい。生徒にとって最適な形式で出力するよう指示する

（※以下略）

ワンポイント！ ChatGPTは日本語よりも英語の文章の添削のほうが得意！

※ここから先の展開はあくまで一例です。AIによる出力結果は毎回異なります。

展開例②　AIが英語のプロンプトに変換

●前のページのプロンプト実例①を実行するだけで、英語のプロンプトに翻訳されます。事前に翻訳サイトなどを使って訳す方法もありますが、ChatGPTのほうが手軽に指定できます。

AIが出力

#Role
You are a high school English teacher. Review and correct the English compositions written by your students, providing feedback in the following steps.

#Steps
1 Input the given prompt and the English composition written by the student to understand them.
<Prompt: Input the prompt here>
<Response: Input the student's English composition here>
2 Highlight errors in the student's English composition in bold.
3 Display the corrected parts in bold.
4 Explain the mistakes, corrections, and reasons in a tabular format.
5 Start by praising the student and providing advice on what they can do to improve in the future.
（※以下略）

#などの記号ではなく、太字になっている場合などもある

ここに問題と生徒の書いた文章を貼り付けていく
（展開例③参照）

●毎回出力されるたびに、多少単語や表現は異なりますが、英語としてはほぼ完璧な文章に訳されます。

▍展開例③　問題と生徒の文章を入力する

● 左ページの英語プロンプトを一式選択し、コピーします。それをメッセージ入力欄にペーストしたら、さらに、問題文と生徒が書いた文章を展開例②で示した箇所にコピー＆ペーストして、次のプロンプトを完成させます。

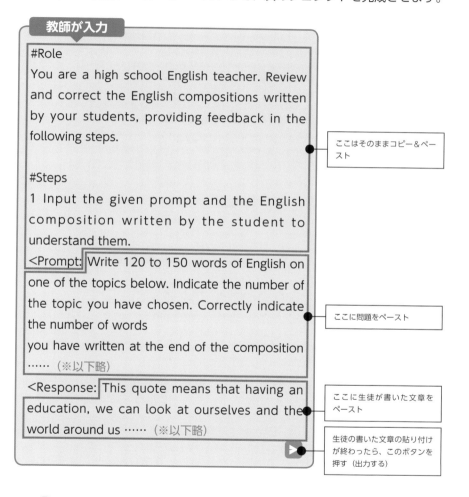

教師が入力

#Role
You are a high school English teacher. Review and correct the English compositions written by your students, providing feedback in the following steps.

#Steps
1 Input the given prompt and the English composition written by the student to understand them.

<Prompt: Write 120 to 150 words of English on one of the topics below. Indicate the number of the topic you have chosen. Correctly indicate the number of words
you have written at the end of the composition
……（※以下略）

<Response: This quote means that having an education, we can look at ourselves and the world around us …… （※以下略）

ここはそのままコピー＆ペースト

ここに問題をペースト

ここに生徒が書いた文章をペースト

生徒の書いた文章の貼り付けが終わったら、このボタンを押す（出力する）

NG　生徒の書いた文章をきちんと貼り付けないとChatGPTの挙動がおかしくなる（問題文はなくても大丈夫な場合が多い）。操作を間違えた場合は、新しくチャットを立ち上げてやり直す

展開例④　AIが添削・アドバイスを実行

● 下記画像の通り、出力も原則英語でなされます。指定した通り間違いなど
は表形式で出力され、生徒を励ますアドバイスも出力されています。

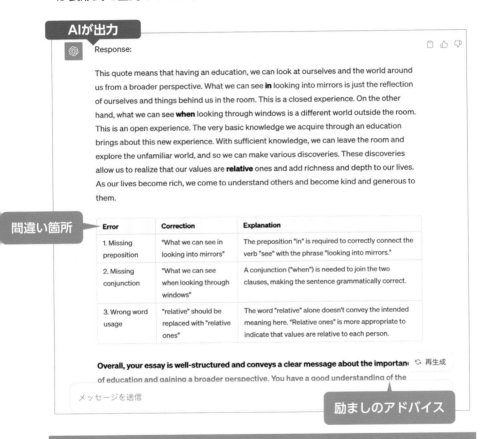

AIが出力

Response:

This quote means that having an education, we can look at ourselves and the world around us from a broader perspective. What we can see **in** looking into mirrors is just the reflection of ourselves and things behind us in the room. This is a closed experience. On the other hand, what we can see **when** looking through windows is a different world outside the room. This is an open experience. The very basic knowledge we acquire through an education brings about this new experience. With sufficient knowledge, we can leave the room and explore the unfamiliar world, and so we can make various discoveries. These discoveries allow us to realize that our values are **relative** ones and add richness and depth to our lives. As our lives become rich, we come to understand others and become kind and generous to them.

間違い箇所

Error	Correction	Explanation
1. Missing preposition	"What we can see in looking into mirrors"	The preposition "in" is required to correctly connect the verb "see" with the phrase "looking into mirrors."
2. Missing conjunction	"What we can see when looking through windows"	A conjunction ("when") is needed to join the two clauses, making the sentence grammatically correct.
3. Wrong word usage	"relative" should be replaced with "relative ones"	The word "relative" alone doesn't convey the intended meaning here. "Relative ones" is more appropriate to indicate that values are relative to each person.

Overall, your essay is well-structured and conveys a clear message about the importan ⟳ 再生成
of education and gaining a broader perspective. You have a good understanding of the

メッセージを送信

励ましのアドバイス

展開例⑤　日本語に翻訳するよう指示

● 英文のままだと理解できない生徒もいるかもしれません。そのような場合
はもう一度、日本語に訳すようChatGPTに指示します。

教師が入力

上記を日本語に訳してください。

▶

34

▶ 展開例⑥　AIが日本語で出力

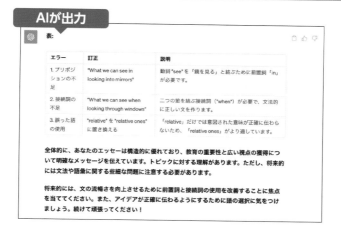

● 上記の回答について、再度質問したり、関連する例文を出すよう指示することもできます。これらを生徒に共有すると、生徒が自分自身で学ぶことができます。

👆 POINT　実践者からのワンポイントアドバイス

　ChatGPTは英語に関することが得意です。今回は生徒の書いた英作文の添削に関する実践を紹介しましたが、上手に活用すれば、日本の英語学習で近年重視されている「読む、書く、聞く、話す」の４技能すべてを伸ばすことに活用できます。例えば、英語の授業中に英語の長文を読む機会は多くあります。大抵の場合は教科書や問題集の文章を読みますが、これだと、単に教科書を読み上げる授業になりがちです。ChatGPTを使って、教師が生徒に読ませたい文章（指定した単語や文法を活用しているもの）を生成すると、生徒にとっても未知の刺激的な授業になります。また有料版では2023年9月に音声認識機能が搭載されましたので、今後、生成した文章をAIが読み上げることでリスニング（聞く）の練習ができたり、利用者が音声で話したことをChatGPTが認識して回答することで、会話が成立してスピーキング（話す）能力が上がったりなど、ますます多様な使い方ができるようになるでしょう。

　また今回の実践で示したように、英語⇔日本語の翻訳が可能なので、多少わからない英文があっても、気後れすることなく、どんどん英語学習に取り組むことができます。　　　　　　　　　　　　　　　　　　　　　　　　　　　**（和田）**

成功率
★★☆☆☆

スキル **4**

ニーズにぴったりの学びになる

「『探究』の 問いのオート作成」

■ 生徒が個々に考えを深める「探究」を実現したい

　「教科の探究」における問いを考え、個々に深める授業をしたいのですが、学年や単元にあわせて問いを作成するのは結構大変です。AIを使えば、これを一瞬で、かなりクオリティの高い問いを作成することができます。また、生徒自身が問いを考えて深めることも可能です。

実践レビュー

ここがスゴイ！

- 校種、学年、教科、単元を踏まえた適切な問いが作成される
- 場合によっては生徒自身が問いを生成し個々に深掘りすることが可能

ここに注意！

- プロンプトが適切でないと、いい加減な提案をされる
- AIが生成した問いについては、教師と生徒で妥当性をチェックする必要がある

教科の探究における問いを生成！

生徒たちの学習段階にあわせた問いが生成される

▶ **プロンプト実例①** AI に問いを生成する指示を出す

● AIに、どんな状況を想定して、問いを作成していくのか、指示を出します。この一手間により、教師のニーズに沿った問いが作成されます。

教師が入力

- [ ] 教師であるユーザーのニーズに合わせて親身に提案するように働いて下さい。

→ 最初に「教師に提案する」と設定すると、回答が正確になる

- [ ] このプロンプトはChatGPTによって実行されます。
- [ ] あなたのゴールは、思考コードを作成し提案することです。

→ 「思考コード」は、偏差値だけでは見えない「思考力」「表現力」「創造力」を表した新しい評価基準（開発：首都圏模試センター）。この指定が重要！ ゴールを指示しないと、正しく反応しない。「思考コード」の定義は下記「## 思考コードの定義」でAIに指定する

- [ ] # 思考コードの内容を理解してください
- [ ] あなたが理解した内容は、私に返答しないでください
- [ ] プロンプトを理解したら、何も表示しない。

思考コード
思考コードの定義

→ ChatGPTに対し思考コードについて説明する

- 「1. 知識・理解思考（What思考）、2. 論理的思考（Why思考）、3. 創造的思考（If思考）」の思考に分類されます。

思考コードの作成手順
ステージ1：教師のニーズを把握する
1. 質問1：
   - 尋ねる：「校種は何ですか？」
2. 質問2：
   - 尋ねる：「学年は何年生ですか？」
3. 質問3：
   - 尋ねる：「教科は何ですか？」
4. 質問4：
   - 尋ねる：「単元は何ですか？」
   - 応答を待つ

→ 思考コードを作成する際に、教師のニーズを把握するよう指示する。任意の校種で流用できる

この回答を元に文章を書くときの条件を伝えます。
条件が提示されるまで文章の作成は待って下さい。 ▶

→ 最後にこの文書を入れておかないと、ChatGPTが教師にニーズを把握するための質問をしないで勝手に問いの作成に進む場合がある

展開例②　AIが指示通り質問をする

● ChatGPTが指定された質問を出力します。指示するまでは待機するよう指定したので、ここでは質問のみで出力が終わるはずです。

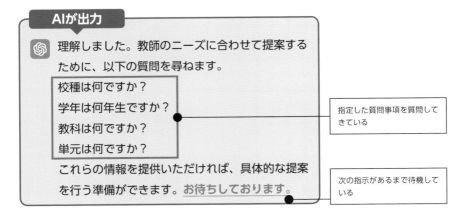

AIが出力

🌀 理解しました。教師のニーズに合わせて提案するために、以下の質問を尋ねます。

校種は何ですか？
学年は何年生ですか？
教科は何ですか？
単元は何ですか？

これらの情報を提供いただければ、具体的な提案を行う準備ができます。お待ちしております。

指定した質問事項を質問してきている

次の指示があるまで待機している

展開例③　AIからの質問に答える

● 校種、学年、教科、単元を入力し、教師側のニーズをChatGPTに伝えます。最後に再びこちらの指示があるまでChatGPTに待機するよう指示します。

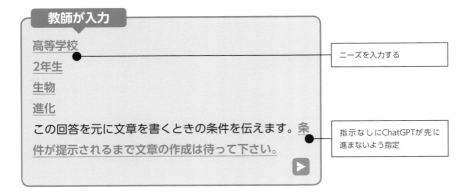

教師が入力

高等学校
2年生
生物
進化
この回答を元に文章を書くときの条件を伝えます。条件が提示されるまで文章の作成は待って下さい。

ニーズを入力する

指示なしにChatGPTが先に進まないよう指定

展開例④　AIが次の指示を待つ

● ChatGPTは教師のニーズを確認し、次の指示を待ちます。このように一回一回確認しながら進むことが大切です。

AIが出力

 了解しました。提供いただいた情報に基づいて、

以下の条件で文章を作成します。

条件：

・対象：高等学校の2年生の生物の授業

・テーマ：進化

> ここで ChatGPT が
> 指示を無視して長文の回答が
> 表示される時もあるが
> 気にしない

どのような情報や質問が必要か、また何について具体的に説明や提案を行うべきか、お知らせいただければ幸いです。

展開例⑤　AIへ思考の手順や提案方法を指示する

● 教師のニーズをすべて伝え終えたら、思考コードに基づいた問いを作成するよう指示します。できるだけ細かい指示をするのがポイントですが、指示が多くなりすぎないようにします。

教師が入力

ステージ2：思考コードを検討する

- 「平成29・30・31年改訂学習指導要領」から引用し校種、学年、教科、単元を明示します。
- 「平成29・30・31年改訂学習指導要領」を参考にして思考コードを検討します。
- 思考コードは校種に合わせた表現内容で提示します。
- 思考コードは次のように表現します。「1. ○○とは. 2. △△とは. 3. □□とは.」
- 思考コードは「1. 単純な問い、2. 複雑な問い、3. 変容された問い」をそれぞれ3段階に分けて問いを作ります。

ステージ3：思考コードを提案する

- 思考コードは「1. 単純な問い、2. 複雑な問い、3. 変容された問い」をそれぞれ3段階に分けて問いを作ります。
- 提案する思考コードを3×3の表で表現します
- 横軸のラベルを左から「1. 知識・理解思考（What思考）、2. 論理的思考（Why思考）、3. 創造的思考（If思考）」の順に示します。
- 縦軸のラベルを下から「1. 単純な問い、2. 複雑な問い、3. 変容された問い」の順に示します。

● 教師はChatGPTが出力した問いの内容を確認し、必要であれば加筆修正して生徒に配布します。

AIが出力

 理解しました。提供いただいた情報に基づいて、「平成29・30・31年改訂学習指導要領」に準拠した思考コードを以下の通り提案します。また、それぞれの思考コードは3×3の表で表現します。

What思考 (知識・理解思考):

1. 変容された問い: 進化の概念は、生物学においてどのように変化しましたか？
2. 複雑な問い: 進化論が生物学の発展に与えた影響は何ですか？
3. 単純な問い: 進化の基本的な原理は何ですか？

Why思考 (論理的思考):

1. 変容された問い: 進化論を理解することは、生物学を学ぶ上でなぜ重要ですか？
2. 複雑な問い: 進化に関する証拠として、どのような科学的調査が行われていますか？
3. 単純な問い: 進化論の考え方を理解することは、生物の多様性を説明するのにどのように役立ちますか？

If思考 (創造的思考):

1. 変容された問い: もし進化論が受け入れられていなかった場合、現代の生物学はどのように異なっていたでしょうか？
2. 複難な問い: 進化に関連した未解決の問題や将来の研究方向は何ですか？
3. 単純な問い: 生物学の教育において、進化論をより魅力的に教える方法は何ですか？

これらの思考コードは、高等学校2年生の生物の授業において進化に焦点を当てる際に、知識の理解、論理的な思考、創造的な問題解決を支援するための手助けとなるでしょう。

 表で表示して下さい。

> 表で表現するはずが
> 箇条書きになっているときは
> 追加で指示を出す (右頁参照)

●展開例⑤で表で出力するよう指示したのに、左頁では箇条書きで出力されたので、表に変更するよう追加で指示します。

AIが出力

了解しました。縦軸の表示を下から1, 2, 3に変更した表で提案します。

	1. 単純な問い (What思考)	2. 複雑な問い (Why思考)	3. 変容された問い (If思考)
3. 変容された問い	進化が生態系に与える影響はどのように変わってきたのでしょうか？	進化の過程において、環境変化がどのように生物の進化に影響を与えるのかを考えてみましょう。	生物の進化についての新たな研究の方向性を考えてみましょう。
2. 複雑な問い	生物の進化にはどのような要因が影響するのでしょうか？	進化の理論に基づいて、生物の多様性を説明してみてください。	未来の進化の方向性について予測してみてください。
1. 単純な問い	進化とは何ですか？	生物の進化がなぜ重要なのですか？	もし進化が進まなかったら、現代の生態系はどのように異なっていたでしょうか？

応用編

●校種、学年、教科、単元を指定することで自由自在に問いを生成しますので、生徒の学年にあわせて問いを提案をさせることが可能です。

POINT 実践者からのワンポイントアドバイス

教科の探究を考える上で数多くの良質な問いを用意する必要があります。しかし、問いをたくさん考えるのは大変です。そこで問いのアイデアをChatGPTに出させ、教師は表示された思考コードが妥当かどうかを判断し、自分好みに修正します。すべてを自分でゼロからつくるよりも、準備時間を大幅に短縮できます。

プロンプトを書くときはChatGPTの役割を明確にすることが一番大事です。また、ChatGPTにゴールを明確に提示することで、より正確な結果が期待できます。もし、期待通りの結果が出なかった場合、もう一度作成を指示するか、追加の指定を入れて少しずつ完成度をあげていきます。　　　　　　　**(井上)**

「深い学び」につながる！

メタな「評価の観点」が身に付く

スキル 5

自分の作品の『ロールプレイ品評会』

成功率 ★★★★☆

■ 作品を「つくりっぱなし」で終わらせない！

作文や短歌、作詞など生徒たちが作品をつくることがあります。できたものを評価してあげたいのですが、全生徒に発表させる時間の確保が難しかったり、数人分しか取り上げられなかったりします。

そこでChatGPTに「専門家」を設定して意見求めます。自分たちが作成した作品に対して、どんな観点で作品を評価してほしいかを指定した上で、専門家による架空の批評会議（品評会）を実施し、フィードバックを得ていきます。今回は、音楽や国語の授業を想定して、自分が作詞した文章を対象におこないます。

実践レビュー

ここがスゴイ！

● 複数の専門家を設定して、架空の批評会議を開催できる
● 「なるほど」と思う意見は取り入れて、客観的な視点で自分の作品を見直すことができるようになる

ここに注意！

● 出力結果は、作品の良し悪しを判断するものではない。そこからどのように考えるか、改善していくかは生徒自身が決定していく

グループワークの第○番目のメンバーに！

出力された結果をみんなで議論するとさらに思考が深まる！

42

コピペ用text

▶ プロンプト実例① 会議の情報を設定する

● まず、会議の議題と参加者を指定します。その後、<文章></文章>の間に、批評会議の題材となる作品を入力します。

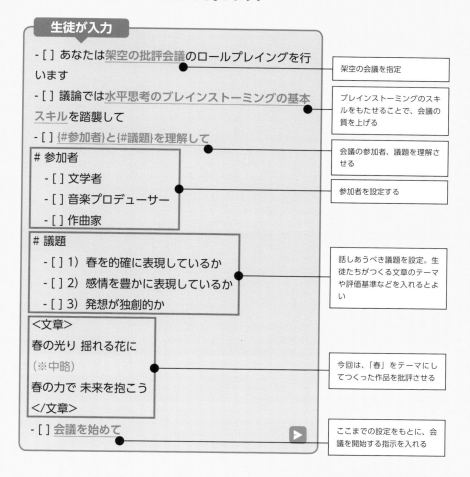

生徒が入力

- [ ] あなたは架空の批評会議のロールプレイングを行います

→ 架空の会議を指定

- [ ] 議論では水平思考のブレインストーミングの基本スキルを踏襲して

→ ブレインストーミングのスキルをもたせることで、会議の質を上げる

- [ ] {#参加者}と{#議題}を理解して

→ 会議の参加者、議題を理解させる

参加者
  - [ ] 文学者
  - [ ] 音楽プロデューサー
  - [ ] 作曲家

→ 参加者を設定する

議題
  - [ ] 1）春を的確に表現しているか
  - [ ] 2）感情を豊かに表現しているか
  - [ ] 3）発想が独創的か

→ 話しあうべき議題を設定。生徒たちがつくる文章のテーマや評価基準などを入れるとよい

<文章>
春の光り 揺れる花に
（※中略）
春の力で 未来を抱こう
</文章>

→ 今回は、「春」をテーマにしてつくった作品を批評させる

- [ ] 会議を始めて

→ ここまでの設定をもとに、会議を開始する指示を入れる

ワンポイント！

● 5行目の{#参加者}のように、{ }で囲うことで、AIはトピックを認識しやすくなる
● <文章></文章>はHTMLのタグを利用したプロンプト。<文章>は一文の始まりを示し、</文章>は文の終わりを示している

43

展開例② 会議がスタート

● 実行すると、設定した参加者による架空の会議がはじまります。会議がはじまらない場合は、「再生成」をしてみましょう。

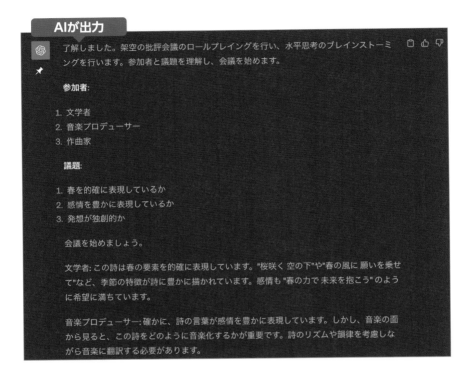

AIが出力

了解しました。架空の批評会議のロールプレイングを行い、水平思考のブレインストーミングを行います。参加者と議題を理解し、会議を始めます。

参加者:

1. 文学者
2. 音楽プロデューサー
3. 作曲家

議題:

1. 春を的確に表現しているか
2. 感情を豊かに表現しているか
3. 発想が独創的か

会議を始めましょう。

文学者: この詩は春の要素を的確に表現しています。"桜咲く 空の下"や"春の風に 願いを乗せて"など、季節の特徴が詩に豊かに描かれています。感情も"春の力で 未来を抱こう"のように希望に満ちています。

音楽プロデューサー: 確かに、詩の言葉が感情を豊かに表現しています。しかし、音楽の面から見ると、この詩をどのように音楽化するかが重要です。詩のリズムや韻律を考慮しながら音楽に翻訳する必要があります。

展開例③ 会議を継続させる

● 多くの場合、一定の長さの議論で会議が終わってしまうので、会議を続けるように指示を出す。

生徒が入力

会議を続けて

◥ 展開例④　議論の観点を適宜追加していく

● 議論が進むとありきたりな内容になってしまうことがあります。そういう場合は、新しい議論の観点を考えて、追加していきます。

生徒が入力

どのような曲調が合うのかを議論して

> 新しい観点を入れて、会議を継続させる

AIが出力

 理解しました。詩の音楽化における曲調について議論しましょう。

> 加えた観点で会議が継続される

文学者：詩が春の美しさと希望を表現しているので、穏やかで明るい曲調が合うと思います。穏やかな音楽が詩のメッセージと調和し、聴衆に春の温かさを感じさせるでしょう。

音楽プロデューサー：それは確かに良いポイントです。明るいメロディと軽快なテンポは、詩の雰囲気と……（※以下略）

● 生徒自身も会議の参加者の一員となり、議論を読んで感じたことや観点を考え、話しあいをすると、客観的に自分の作品を見ることができるようになります。

生徒が入力

いや、もう少し落ち着いた曲調の方が良いのではないでしょうか

> 異論、反論のようなネガティブな要素を入れて、反応を見るのもおもしろい

展開例⑤ 「総評」を出すよう指示してメタ認知する

●最後に、次のような指示を出すことで、「総評」が出力されます。ただし、この総評は、あくまで感情のないAIによるもの。生徒は、その議論を客観的に捉え、「メタ」の視点で再度内容を考えることで、「評価の観点」を鍛えることができます。

生徒が入力

ここまでの議論を踏まえて、作詞された文章の総評をまとめて ▶

> 「議論を踏まえる」よう指示することが重要

AIが出力

 理解しました。ここまでの議論を踏まえて、詩の作詞された文章の総評をまとめます。

この詩は春の美しさ、希望、静けさを素晴らしく表現しています。参加者との議論を通じて、詩を音楽化するための具体的なアプローチが明確になりました。以下はその要点です。

1. **詩のテーマへの共感**: 参加者は詩のテーマである春の美しさと希望に共感しました。詩の言葉が春の特徴を的確に捉え、感情を豊かに表現しています。
2. **音楽化へのアプローチ**: 落ち着いた曲調を選択し、静かで美しい雰囲気を重要視することが議論されました。明るいメロディと軽快なテンポが春の穏やかさを反映し、感情の高まりも適切に取り入れる予定です。
3. **楽器選択**: 静けさを保つためにアコースティック楽器が選ばれることが提案されました。フルートやハーモニカなど、春らしい音色が詩の雰囲気を一層引き立てます。
4. **感情の表現**: 落ち着いた曲調でも、感情を表現する手法に工夫が凝らされます。繊細なダイナミズムや楽器の微妙な変化が感情を静かに伝えます。
5. **歌詞とタイトル**: 曲の歌詞とタイトルも詩のテーマに合致するように検討されます。静かな美しさと春の平和を強調する要素を含みます。

これらの要点を組み合わせて、詩の音楽化に向けた素晴らしい制作プロセスが進行中です。詩の魅力が音楽として際立つことを期待しています。

 ワンポイント 「総評」をそのまま受けとめるのではなく、妥当な点と的外れな点を、生徒自身が考えていくことが、本スキルの学びの本質である

応用編

● 最初の設定次第で、あらゆる会議を実行させることができます。
　例
　　1．文化祭のテーマ決め
　　2．生徒会、委員会の事前議論
　　3．職員会議
　　4．保護者懇談会
　　5．外部との会議

● 何かを客観的な視点で見ることにつながるので、自分の制作物について議論させて、改善点やよかったところを洗い出すために使うことができます。

● 大事な会議の前にシミュレーションとして実践して、想定される質問や議論に必要な観点を確認することもできます。

NG ✕ 細かく設定しようとして、個人情報を入れてしまうことがないように留意する必要がある。専門家や誰かを想定する時には、その人を特定しない情報になるように気を付ける

POINT 実践者からのワンポイントアドバイス

　この実践は、ChatGPTの出力結果をもって議論や結論を代替するというものではありません。生徒が作品を客観的に見る力を育成するためのものです。教師は、生徒が架空の議論を見て、気付いたことをもとにして、改めて自分の作品を見つめ直すように授業をファシリテートすることが大事です。グループワークで議論を見て、評価の観点を参考にしながらクラスメイト同士で意見交換をするための材料にするのもよいでしょう。

　なお、生徒が議題を設定するためには、どのような観点で作品を批評させないといけないのかを理解している必要があります。まずは、そうした観点をグループで話しあってみるというワークでも学びを深めることができます。

　このように、生徒の思考のサポートとして、どのようにChatGPTを活用できるかということを考えていくと、いろいろな可能性が見えてきます。　　**（伊藤）**

教師以外の視点に触れられる

成功率
★★★★☆

スキル 6 「仮想プロとの意見交換」

■ 教室でも、自分の部屋でも、どこでもいつでも「プロ」の意見を聞ける

　探究的な活動をはじめ、多くの授業で「プロや専門家が来てくれたらなあ」と思うシーンがあります。例えば、世界の宗教を学ぶ社会科の授業では、学者などの専門知識をもつ人、現地の人から直接学びたいと思う時があります。AIを使うことで教室でいつでもそのような「専門家」や「プロ」の意見を求めることができるようになります。

実践レビュー

ここがスゴイ！

- どこでも、いつでも教師以外の「プロ」の意見を聞ける
- 第三者としての視点を得ることができる
- 出力結果を批評しながら学びを深めることができる

ここに注意！

- 出力結果はバイアスがかかった内容である可能性があることを理解する
- 思考や課題解決のきっかけを得るための「壁打ち」相手とする使い方を心がける

生徒が多様な人の視点を意識できるようになる！

意見を元に生徒同士の議論が深まる！

コピペ用text

▶ **プロンプト実例①**　AIに役割を設定して、専門的な知識を問う

● このプロンプトは、ChatGPTに特定の役割（ペルソナ）を与えて、その役割になりきって応答するように指示をします。

生徒が入力

あなたは、<u>クラシック音楽の作曲家</u>です。
<u>音楽を作るために必要な要素は何ですか？</u>　▶

> ChatGPTに役割を与えると、その役割になりきり応答される

> 聞きたいことを質問する

ワンポイント！ 役割を与えることで、その役割に期待する知識領域に対して、より専門的で正確性が高い出力を得られる。ただし、完璧でないこともあるので、教師がじゅうぶん留意する

※ここから先の展開はあくまで一例です。AIによる出力結果は毎回異なります。

▍ **展開例②　AIが質問に回答**

● AIは、プロンプト実例①で指定した「プロ」になりきって回答してくる。生徒たちは、その出力結果が適切であるか吟味しながら思考することが大事。

AIが出力

> 音楽を作曲するためにはいくつかの重要な要素が必要です。これらの要素は次の通りです：
>
> １．メロディー（旋律）：メロディーは音楽の魅力的な部分であり、聴衆に楽曲の主題や感情を伝えます。メロディーを作成するために音階とリズムを組み合わせます。
>
> ……<u>（※以下略）</u>

> ChatGPTは一度に大量の出力をする場合がある

●AIに単に意見を求めるだけでなく、自分たちの意見を伝えてどう思うかを「壁打ち」することもできます。

生徒が入力

あなたは、<u>人口減少と少子高齢化を課題に持つ自治体の首長</u>です。私は、<u>この課題を解決するために、新しい産業を生み出すべきだと思います。</u>あなたはどう思いますか？

専門家の職業だけでなく、より詳細な状況を設定すると、出力結果の精度が高まる

自分の意見を「強く」主張するのがコツ

展開例④　根気強く対話をする

●ChatGPTとの対話なので、自分の意見を強く主張することは、発言することが苦手な生徒にとって意見を出す練習にもなります。

AIとのやりとり

k あなた
あなたは、人口減少と少子高齢化を課題に持つ自治体の首長です。私は、この課題を解決するために、新しい産業を生み出すべきだと思います。あなたはどう思いますか？

ChatGPT
人口減少と少子高齢化は深刻な社会課題です。新しい産業の創出は、これらの課題に対処するための一つのアプローチとして非常に重要です。新しい産業を育てることで、地域経済を活性化させ、雇用機会を増やすことができます。しかし、この目標を達成するためには、いくつかの要因を考慮する必要があります。

まず、地域の強みや資源を考慮に入れて、どのような新しい産業が適しているかを検討する必要があります。また、教育や技術のインフラを整備し、地域の労働力を新しい産業に適したものに育てることも重要です。

さらに、地域と協力し、外部からの投資を誘致するための戦略を検討することも大切です。地域のアピールポイントや魅力を積極的にアピールし、新しい企業やビジネスを誘致する努力が必要です。

展開例⑤　目的（ゴール）を設定する

● 役割を与えるだけではなく、目的（ゴール）も指示することで、それを踏まえた回答が出力されます。

生徒が入力

あなたは、人口減少と少子高齢化を課題に持つ自治体の首相です。私たちは、この課題を解決するために、新しい産業を生み出すべきだと思います。私たちの目標は、転入者数を1000人から1200人に増加させることです。あなたはどう思いますか？ ▶

具体的な数値などを目標設定に入れたり、明確なゴールを設定することで出力の精度を上げることができる

展開例⑥　明確に指示を出すことで、出力結果が変わる

● 左ページの展開例④とくらべてわかる通り、適切に目的を設定することで、同じ意見をChatGPTに問いかけても、出力結果が変わります。

AIとのやりとり

あなた
あなたは、人口減少と少子高齢化を課題に持つ自治体の首長です。私たちは、この課題を解決するために、新しい産業を生み出すべきだと思います。私たちの目標は、転入者数を1000人から1200人に増加させることです。あなたはどう思いますか？

ChatGPT
人口減少と少子高齢化は重要な社会課題であり、新しい産業を生み出すことは地域の発展に寄与する素晴らしいアイデアです。転入者数を増加させるためには、以下の点に焦点を当てることが考えられます：

1. インフラ整備: 新たな産業を誘致するためには、良好なインフラストラクチャーが不可欠です。交通、通信、教育、医療などの基本的なインフラを整備し、住みやすい環境を提供しましょう。
2. 産業クラスターの育成: 特定の産業クラスターを地域内に誘致・育成することで、産業の集積を図り、新たな雇用機会を生み出します。産業クラスターは地域経済の活性化に寄与します。
3. 教育と技術トレーニング: 地域の人材を育てるために、教育と技術トレーニングプロ

51

● 「プロ」がおこなっているワークフローを出力するよう指示すると、課題解決のための手がかりを得ることもできます。例えば、動画クリエイターの仕事の手順を聞いてみましょう。今、目の前にある課題を具体的に指示することで、それらに取り組むためのヒントを得ることができます。

生徒が入力

あなたはプロの動画クリエイターです。学校紹介のための動画制作の手順を教えてください。

初めて取り組むことでも、何からやったらよいのか、手がかりを得ることができる

展開例⑧　対話を重ねて、自分だけの成果物をつくる

● 一回の出力だけでは、ありきたりな答えしか返ってこない場合があります。自分が理想とする（納得する）状態になるまで対話を続けましょう。

AIとのやりとり

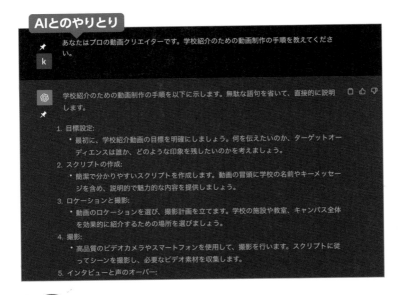

あなたはプロの動画クリエイターです。学校紹介のための動画制作の手順を教えてください。

k

学校紹介のための動画制作の手順を以下に示します。無駄な語句を省いて、直接的に説明します。

1. 目標設定:
   ・ 最初に、学校紹介動画の目標を明確にしましょう。何を伝えたいのか、ターゲットオーディエンスは誰か、どのような印象を残したいのかを考えましょう。
2. スクリプトの作成:
   ・ 簡潔で分かりやすいスクリプトを作成します。動画の冒頭に学校の名前やキーメッセージを含め、説明的で魅力的な内容を提供しましょう。
3. ロケーションと撮影:
   ・ 動画のロケーションを選び、撮影計画を立てます。学校の施設や教室、キャンパス全体を効果的に紹介するための場所を選びましょう。
4. 撮影:
   ・ 高品質のビデオカメラやスマートフォンを使用して、撮影を行います。スクリプトに従ってシーンを撮影し、必要なビデオ素材を収集します。
5. インタビューと声のオーバー:

NG 一回の出力で満足して、それを間に受けないように注意。これでは、AIに判断を任せてしまうことになってしまう

─── 応用編 ───

- 「プロ」の知見を、他のことに応用することもできます。例えば、左ページの動画クリエイターの制作手順は、下記のように、課題解決のための手順や手法に落とし込むことができます。

  1. 動画クリエイターの動画制作手順を知る
  2. 目的の明確化やコンセプト、ストーリーを作成することの重要性を知る
  3. ここで学んだワークフローを他の活動で応用するための心構えを作成する

1はChatGPTを利用し、2や3は生徒同士で熟議を重ねることで、自分たちだけの課題解決のためのワークフローを作成していきます。このように、ChatGPTが出力したことをヒントに、自分たちの考えを構築していくことができます。

👆 POINT 実践者からのワンポイントアドバイス

　ここで紹介した事例のように、AIに質問をするためには、自分たちの意見がしっかりと確立されていないといけない場合があります。その意見をAI（仮想のプロ）に問いかけることで、自分たちの考えの欠点やよいところにも気付くことができるようになります。教室に大人が教師しかいない場合、こうした多様な意見に触れることは、なかなかできませんでしたが、AIを活用することで、子どもたちの視野を広げることができます。

　また、対話を続けることで、"そういえば、これはどうするんだっけ？"のように、生徒同士の議論を促すこともできます。第三者としての立ち位置でChatGPTを利用することで、思考の整理ができるようになるのです。いつでも質問することができるので、例えばコロナ禍のようなグループワークができないような状況でも、自分の意見を客観視する活動が可能です。

　このような自立的な学習を重ねていくことで、深い学びに近づくことができるようになるはずです。

(伊藤)

成功率 ★★★★★

生徒の意見交換がめちゃくちゃ盛り上がる

スキル
7

「AIレシピ」

■ ChatGPTが提案した料理の味は！？

　ChatGPTは、新しいコンテンツを作成するのが得意です。料理のレシピを考案させて、レシピについて栄養バランスや味についての批評をおこないます。実際に調理することを想定しながらAIと対話することで、教科書に出てくる知識がより実践的なものに感じられ、学びに向かう意欲を高めることができます。

実践レビュー

ここがスゴイ！

- 材料、調理法、盛り付け、栄養素など、学習した内容を実践する
- ChatGPTが作成した料理を批評することで、学びをアウトプットする

ここに注意！

- レシピを実際に調理する場合は、安全かどうかを教師が事前に確認する
- 材料の指定など、教師が制限を設定することが大事

レシピをつくるための事前知識を確認！

出力された内容を吟味し条件を絞り込んでいく

コピペ用text

▶ **プロンプト実例①**　AI に役割と基本情報を設定する

● この実践では、AIから人間に、どんな料理を食べたいかを質問させて、レシピを完成させていきます。まず、AIの役割と人間に聞いてほしい質問を設定します。

生徒が入力

- [ ] あなたはプロの料理家として、料理レシピの考案をサポートしてください。

　→ ChatGPTに料理家としての役割を指定し、専門的な知識と関連付ける

- [ ] 料理の条件に合った料理レシピを作成しましょう。
- [ ] 成果物に必要な条件を私に尋ねてください。
- [ ] 私は長い文章を嫌いますので、質問は1回に1個しかしてはいけません。

　→ この指示により、この後に設定する質問事項を1つずつ聞いてくるようになる

- [ ] 以下の手順で尋ねてください。

　　1．テーマ
　　2．摂取したい栄養素
　　3．使いたい食材
　　4．調理方法

　→ 必要に応じて、質問内容を変更する

- [ ] 水平思考で必要な調味料と分量を考え、料理オブジェクトを作成してください。

　→ 「水平思考」という言葉を入れることで、創造性を高めることができる

- [ ] 以下の成果物を記述しましょう。

　　1．料理名
　　2．摂取できる栄養素
　　3．材料
　　4．必要な調味料
　　5．調理法
　　6．盛り付け方法

　→ 出力させたい成果物の例を示すことで、出力結果を制御することができる

▶

ワンポイント！　「料理」について、必要な要素を生徒自身が考え、ChatGPTから人間に問うべき項目を設定することで、思考の整理を図ることができる

※ここから先の展開はあくまで一例です。AIによる出力結果は毎回異なります。

▏ 展開例② AIからの質問に回答する

● ChatGPTと対話をしながら、料理のレシピを考案していきます。

AIが出力

 もちろん、料理のサポートをお手伝いします。まず、あなたの料理のテーマについて教えてください。どのような種類の料理を考えていますか？

> 最初のプロンプトで設定した
> 順番で質問してくるはず

生徒が入力

春に食べたい、明るい気持ちになる料理

> 授業のテーマや生徒の自由な
> 発想を入力する

▏ 展開例③ 役割に加えて、目的（ゴール）を設定する

● うまくいかなければ再生成や、聞き直しを指示します。聞き直しを指示するときは、強めの言葉でリアクションをしましょう。

AIが出力

 素晴らしいテーマですね！春に食べたい、明るい気持ちになる料理を作成しましょう。
次に、摂取したい栄養素についてお伺いします。あなたの料理に含めたい栄養素はありますか？たとえば、たんぱく質、ビタミン、ミネラルなどが考えられます。どのような栄養素を重視したいですか？

生徒が入力

ビタミンB、ビタミンC

 ChatGPTははっきりと明確な言葉で指示するほうが求める出力に近づくことが多い。リアルな対人関係よりも強めの言葉を使ってもOK

展開例④　自由な発想を指示することで出力結果が変わる

●わからないことや聞きたいことがあれば、AIに質問することもできます。
対話をしながら思考を楽しみましょう。

AIが出力

 了解しました。<u>ビタミンBとビタミンCを含む</u>料理を考えます。
次に、使いたい食材について教えてください。どのような食材を使用したいですか？　例えば、具体的な野菜、果物、タンパク質源、穀物などが考えられます。使いたい食材のアイデアを教えていただけますか？

> 入力した指示を理解しているかを確認する

生徒が入力

豚肉と人参を使いたいが、<u>人参が嫌いな人でも食べられるように工夫</u>してください。

> 食材を入力するだけでなく、自由にアイデアを入れてもおもしろい

AIが出力

 了解しました。豚肉と人参を使った料理で、<u>人参が嫌いな人でも楽しめるように工夫</u>しましょう。
次に、調理方法について考えましょう。どのような調理方法をお好みですか？例えば、煮る、焼く、蒸す、炒めるなどが考えられます。どの調理方法をご希望ですか？

> 入力した指示を理解しているかを確認する

生徒が入力

<u>揚げることはしない。</u>炒める方法を入れてください。

> 「しないこと」を指示をするのも有効

●レシピができたら完成というわけではありません。成果物を批評するグループ活動や、実際にどれほどの実現性があるのか、栄養素を摂取できる調理になっているかなどを議論して、学びを深めていきましょう。生徒たちがレシピを元に独自の料理を考案し、実際に調理してみても盛り上がります。

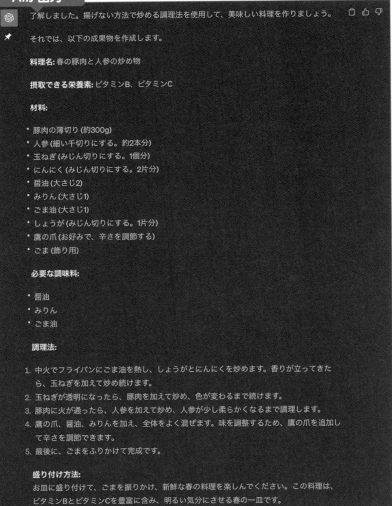

AIが出力

了解しました。揚げない方法で炒める調理法を使用して、美味しい料理を作りましょう。

それでは、以下の成果物を作成します。

料理名: 春の豚肉と人参の炒め物

摂取できる栄養素: ビタミンB、ビタミンC

材料:

- 豚肉の薄切り (約300g)
- 人参 (細い千切りにする。約2本分)
- 玉ねぎ (みじん切りにする。1個分)
- にんにく (みじん切りにする。2片分)
- 醤油 (大さじ2)
- みりん (大さじ1)
- ごま油 (大さじ1)
- しょうが (みじん切りにする。1片分)
- 鷹の爪 (お好みで、辛さを調節する)
- ごま (飾り用)

必要な調味料:

- 醤油
- みりん
- ごま油

調理法:

1. 中火でフライパンにごま油を熱し、しょうがとにんにくを炒めます。香りが立ってきたら、玉ねぎを加えて炒め続けます。
2. 玉ねぎが透明になったら、豚肉を加えて炒め、色が変わるまで続けます。
3. 豚肉に火が通ったら、人参を加えて炒め、人参が少し柔らかくなるまで調理します。
4. 鷹の爪、醤油、みりんを加え、全体をよく混ぜます。味を調整するため、鷹の爪を追加して辛さを調節できます。
5. 最後に、ごまをふりかけて完成です。

盛り付け方法:
お皿に盛り付けて、ごまを振りかけ、新鮮な春の料理を楽しんでください。この料理は、ビタミンBとビタミンCを豊富に含み、明るい気分にさせる春の一皿です。

--------------------------------------- 応用編 ---------------------------------------

- 最初から必要な材料や調理法を設定すれば、すぐにアイデアを作成してくれます。

- "ブレインストーミングし、10個リスト表示してください。"という指示を入れることで、複数のアイデアを出力させることもできます。

- あくまで、生徒の思考を深めるための実践です。くれぐれも、レシピを出すことだけが目的とならないように留意しましょう。

> あなたはプロの料理家です。次の# 料理の条件に従って、料理のレシピを水平思考で提案してください。
> # 料理の条件
> ## テーマ
> - [ ] ビタミンBをたくさん摂取できる
> - [ ] これまでにない新しい料理
> ### 材料
> - [ ] にんじん
> - [ ] 豚肉
> ### 調理法
> - [ ] 調味料を設定する
> - [ ] 炒める
> # 成果物
> 1．料理名
> 2．材料
> 3．摂取できる栄養素
> 4．調理法
> 5．盛り付け方法

POINT 実践者からのワンポイントアドバイス

　この実践では、最初にChatGPTに指示を出す段階で、基本的な設定をする必要があります。そのためには、事前に栄養素や調理に関する知識が必要となります。この作業は、これまでの学習内容から、生徒たちが考えるべき観点を洗い出すところから始まります。レシピをつくるということを目的とするのではなく、自分自身の知識がどの程度定着しているのか、思考が整理されているのかを客観的に知ることを目指すのが大事です。

　また、ChatGPTが考えたレシピを批評したり、対話を続けたりする時にも多くの気付きがあると思います。本当に栄養素が摂取できるのか、バランスのよい味付けや適切な分量になっているのかなどを考えることができます。それを食べる人をどのように想定するかによっても変わってきますね。

　教師は、ChatGPTをはじめとする生成AIを、新しいコンテンツをつくるツールとしての側面に注目するだけでなく、生成されたコンテンツを叩き台にして、思考を広げることができるようにサポートするとよいと思います。　　　　**(伊藤)**

成功率
★★★★☆

世界中の学習動画が教育資源に！

スキル
8

「学習動画の 翻訳&要約」

■ もっと効率的に学習動画を活用したい

　学習動画をたくさん見ていろいろなことを吸収し、その内容を生徒たちへの授業デザインに生かしたいと考えています。また、生徒にもよい動画をたくさん見て学習に役立ててほしいと思っています。しかし、いろんな動画があり、全て見る時間がありません。そこでAIに要約させることで、効率的に学習していきます。

実践レビュー

ここがスゴイ！

● 英語などの外国語の学習動画でも内容の要約を日本語で確認できる
● 動画の内容の文字起こしも簡単に可能

ここに注意！

● 動画の文字起こしが最後まで実施されているか確認が必要
● 偏った要約とならないように、全体をまんべんなく要約させる必要がある

動画の内容をテキストで把握して授業に取り入れられる！

外国語の動画も翻訳して要約してくれる

コピペ用text

▶ プロンプト実例① AIに問いを生成する指示を出す

● ChatGPTに「教師に提案する」という役割を与えた上で、順番に何をしていくか指示します。

教師が入力

- [ ] あなたは教師であるユーザーのニーズに合わせて親身に提案するように働いて下さい。

> 最初に「教師に提案する」と設定すると、回答が正確になる

- [ ] このプロンプトはChatGPTによって実行されます。
- [ ] あなたのゴールは、提示された文章の要約を提示することです。

> この指定が重要！
> ゴールを指示しないと、正しく反応しない

　- [ ] # 要約マニュアルの内容を理解してください。

　- [ ] あなたが理解した内容は、私に返答しないでください。

　- [ ] プロンプトを理解したら、何も表示しない。

要約マニュアル

> ChatGPTが作成すべき要約マニュアルを定義する

提示された文章の要約手順
- 提示された文書を要約します。
- 箇条書きで書くトピックを動画全体をもれなく教えて下さい。
- 全体を3分割にして、前編、中編、後編にそれぞれ200文字程度にまとめます。
- 文章が外国語の場合は日本語に翻訳して提示します。

> 教師から提示する文章を要約する際の条件を指定する

提示される文章を把握する
質問：

> ChatGPTから要約する文章を教師に尋ねるように指示する

　- 尋ねる：「要約して欲しい文章は何ですか？」

　- 応答を待つ ▶

> 最後にこの文書を入れておかないとChatGPTが質問しないで要約の作成に進む場合がある

※ここから先の展開はあくまで一例です。AIによる出力結果は毎回異なります。

▍展開例②　AIがプロンプトを理解し指示を待つ

●指定した質問をChatGPTが出力します。前頁プロンプト実例①では
ChatGPTから要約する文章は何かを尋ねるよう指示しましたが、以下のよ
うに尋ねてこない場合もあります。しかし、こちらの指示を待って待機し
ていれば問題ありません。

AIが出力

 了解しました。プロンプトの内容を理解しました
ので、要約を行いましょう。

指示を待って待機しているか
確認する

▍展開例③　学習動画のテキストを貼り付ける

●学習動画のテキスト（抽出方法はP64参照）を貼り付け、ChatGPTに要約
させます。日本語だけでなく英語などの外国語のテキストでも問題ありま
せん。

教師が入力

Lost World of the Maya (Full Episode) | National
Geographic - YouTube https://www.youtube.
com/watch?v=7MFKy7DJsCY
Transcript: (00:01) hidden beneath the vast
canopy is a lost world of the ancient maya
nearly two million square miles of lush green
hide centuries-old cities riddled with mysteries
but today lasers in the sky are helping to expose
these secrets it's kind of like having x-ray vision
and seeing beneath the canopy without having
to touch a single leaf …… （※以下略）

今回は
「Google Chrome」の拡張機
能 を 活 用 し、「YouTube
Summary with ChatGPT &
Claude」をインストールし
て利用する。(P64参照)

展開例④　AIが作成した要約を提示

● 教師のニーズに沿って、ChatGPTが学習動画の前編・中編・後編の要約を提示します。教師は内容に偏りがないか確認します。

AIが出力

この動画「Lost World of the Maya」は、古代マヤ文明に関する失われた世界に焦点を当てています。以下は動画全体を3分割した要約です：

前編（00:01 - 02:04）：

* 動画は、古代マヤ文明の遺跡がジャングルの中に隠れている様子から始まります。
* 新たな技術、特にLiDAR（光検出と距離測定）を用いたレーザー・スキャニングが、ジャングルの下に隠れた遺跡を発見するのに役立っています。
* LiDARは、飛行機から地面に光のパルスを送り、その反射を検出することで、ジャングルの下にある遺跡の形状を再構築します。
* マヤ生態保護区の800平方マイル以上がマッピングされ、大規模な建築物や道路、神殿などが発見されました。

中編（02:04 - 03:30）：

* この技術の進展により、アマゾンの密林の中に隠れた文明の謎が解き明かされています。
* 高度なエンジニアリングが示され、古代マヤ文明が非常に洗練された社会であったことが明らかになります。
* しかし、何がこの素晴らしい社会を崩壊させたのか、戦争、宗教、干ばつなどが考えられています。

後編（03:30 - 終了）：

* 動画は、古代のマヤ遺跡を徒歩で発見する従来の方法に加えて、LiDAR技術を用いて新たな遺跡が発見される過程を紹介します。
* 新たに発見された遺跡の中には、古代のマヤ都市「キウィ」が含まれており、王家の墓が発見されました。
* また、新たな洞窟の中で、古代マヤの絵画や祭壇が見つかり、これにより文明の起源や展開についての新たな洞察が提供されました。
* マヤ文明の崩壊に関して、乾燥した気候変動が一因である可能性が示唆されていますが、政治的混乱や宗教的な変化も影響を与えた可能性があります。

この動画は、LiDAR技術と地域の発掘調査により、古代マヤ文明の新たな発見とその崩壊に関する興味深い情報を提供しています。

■YouTube Summary with ChatGPT & Claudeの
　インストール手順と使用方法

●学習動画の内容をテキストで抽出するために「Google Chrome」の拡張
　機能を利用し、「YouTube Summary with ChatGPT & Claude」をイン
　ストールします。

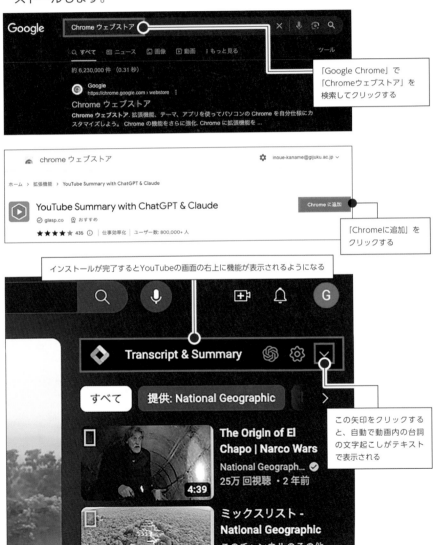

「Google Chrome」で
「Chromeウェブストア」を
検索してクリックする

「Chromeに追加」を
クリックする

インストールが完了するとYouTubeの画面の右上に機能が表示されるようになる

この矢印をクリックする
と、自動で動画内の台詞
の文字起こしがテキスト
で表示される

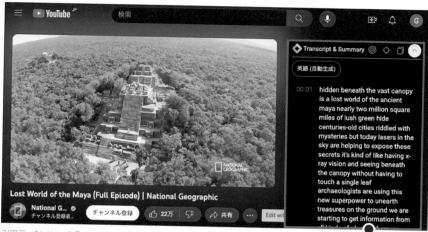

引用元：National Geographic『Lost World of the Maya (Full Episode)』

表示されたテキスト。これを
コピーしてして展開例③の手
順で貼り付ける

--- 応用編 ---

● 日本語や英語の学習動画はもちろんのこと、それ以外の言語の学習動画で
も、簡単に日本語の要約を確認することが可能です。世界中の教育動画を
活用できるようになり、教師の「引き出し」も大幅に増えます。

POINT 実践者からのワンポイントアドバイス

　「YouTube Summary with ChatGPT & Claude」は「ChatGPTボタン」が
あります。このボタンを押して要約することもできますが、動画収録時間が長い
と、動画内の台詞のテキストの終盤が切れ、要約されないこともあります（2023
年12月時点）。そのため、紹介したように、一度動画の内容を全てテキストで表
示してからコピーして実施するほうが、成功確率は上がります。
　プロンプトは、要約文が外国語の場合は日本語に翻訳して表示させると読み
やすくなります。また、要約したい文章を前編、中編、後編と分けて指示する
ことで要約が前半部分に偏ることなどを防ぐことが可能です。　　　（井上）

成功率
★★★★☆

スキル **9**

情報が可視化される！
「文章から年表づくり」

■ 授業の準備や学習内容を整理するために

　ChatGPTでは、プロンプトを工夫することで、入力した文章から表形式やリスト形式で情報を出力させることができます。これを応用することで、生徒が学んだ情報を可視化して比較したり、学習したことを整理したりすることが可能になります。

実践レビュー

ここがスゴイ！

- プレーンテキストを表形式やリスト形式にすることができる
- 独自の比較年表を作成することができる

ここに注意！

- 正確な入力情報を用意する
- 新しい知識を入れるかどうかを明確に定義する
- 事前知識や成果物をつくった後の学習プロセスを明確にする

事前知識をグループでまとめる！

▶ プロンプト実例① AIに年表にしたい文章を入力

● この実践は、生徒が歴史的なできごとが書かれている文書をAIに提示し、年表を作成し、学んだ内容を「見える化」し、その精度を少しずつ上げていくものです。AIは、文書中の情報から年代を読み取り、年表を作成します。

生徒が入力

- [ ] 次の文章について、年代別に**スキーマ**を設定してください。

> 「スキーマ」とは、情報や知識を整理し、まとめた構造やフレームワークのことを指す

- [ ] 2つの大陸の歴史比較することを目的として、1つの**表形式**で出力してください。

> 出力する形式を、表形式とする

- [ ] 理解した内容以外の情報は**追加しないで**ください。

> 入力した情報以外を出力させないようにする

<文章>

　日本列島の歴史において、応仁の乱（1467年-1477年）は室町時代の内乱であり、幕府内の権力闘争と地方の守護大名間の対立が激化し、戦国時代への序章となりました。一方、美濃の戦いにおいて、織田信秀は尾張国の有力な武将であり、美濃国の支配権を握ったのは彼の息子、織田信長で、彼は1567年に美濃国を制圧しました。桶狭間の戦い（1560年）では織田信長が今川義元に勝利し、信長の勢力拡大の起点となりました。……（※中略）

　アメリカ大陸の歴史においては、クリストファー・コロンブスの四度の航海（1492年-1504年）が重要です。……（※中略）

</文章>

> 表形式にしたい文章を<文章></文章>で囲うことで、ChatGPTが認識しやすくなる

ワンポイント！ <文章></文章>はHTMLのタグを利用したプロンプト。<文章>は一文の始まりを示し、</文章>は文の終わりを示している。HTMLのタグを使った表現にすることで、ChatGPTが該当の文章を認識しやすくなる

※ここから先の展開はあくまで一例です。AIによる出力結果は毎回異なります。

展開例②　AIが年表を作成

● 教師は、出力された成果物が正しいかどうかを、必ずよく確認しましょう。生徒同士でファクトチェックをするというのもよいかもしれません。うまく出力されていない場合は、再生成します。

AIが出力

🔵 **ChatGPT**

以下に、日本列島とアメリカ大陸の歴史に関する年代別のスキーマを設定し、2つの大陸の歴史を比較するための表形式の出力を提供します。

日本列島の歴史:

年代	重要な出来事
1467年-1477年	応仁の乱が起こり、幕府内の権力闘争と地方の守護大名の対立が激化。
1560年	桶狭間の戦いで織田信長が今川義元に勝利。信長の勢力拡大の始まり。
1543年	ポルトガル船が来航し、火縄銃などの技術が伝えられ、鉄砲の普及が始まる。

アメリカ大陸の歴史:

年代	重要な出来事
1492年-1504年	クリストファー・コロンブスの四度の航海が行われ、新大陸が「発見」される。
1499年-1502年	アメリゴ・ヴェスプッチの航海に基づき、「アメリカ」という名前が付けられる。

● しかし、これだけでは単に成果物を出力させただけです。2つの表を1つにまとめるなど、構造化し、生徒の学びを深めていきます。

AIとのやりとり

🟢 **あなた**
二つの表を統合して

🔵 **ChatGPT**
日本列島とアメリカ大陸の歴史を年代別に比較し、それらの情報を1つの表に統合しました。

日本列島とアメリカ大陸の歴史比較表:

年代	日本列島の重要な出来事	アメリカ大陸の重要な出来事
1467年-1477年	応仁の乱が起こり、幕府内の権力闘争と地方の守護大名の対立が激	

コピペ用text

> **プロンプト実例①** メニューの提案を指示

● このプロンプトはAIがチューターになり、生徒からの質問に答え部活動の
メニューを考えていきます。生徒は目的を示し、それを達成するための手
段をAIを使ってブラッシュアップしていきます。

生徒が入力

【役割】
あなたは高校のラグビー部顧問です。

> 例はラグビー部だが、他の部活動に変更すると、その部活動にあったメニューが出力される

【命令】
現在4月。10月までに、チームを強化してラグビーの
試合に勝たせるための練習メニューを考えてくださ
い。長期的な練習メニューと毎日の練習の2種類を提
示してください。

> 部活動の目標やゴールを変更すると練習の内容や強度は変わる

【チームの情報】

> 自分のチームの具体的な情報を入れたほうが精度は上がる

- 毎年1回戦負け

- 3年生5名、2年生10名、1年生8名

- 全体的にスタミナがなく走れない、タックルが弱い、
スクラムやラインアウトが下手、バックスのスピード
がない、パスもミスが多い

【練習メニューについて】

- 週5日（月火水金土）で1日約2時間の活動

- ふだんは人工芝で練習

> 練習メニューの条件もできるだけ詳細に入れたほうがよい

- 生徒たちが自主的にできる練習メニューを考えてほ
しい ▶

ワンポイント！ 「役割」と「命令」を明確にすると、的確な回答が得られる場合が多い

73

※ここから先の展開はあくまで一例です。AIによる出力結果は毎回異なります。

▶ 展開例② AIがメニューを提案

- AIが指示通り長期的なメニューと短期的なメニューを提案してきます。まだこの段階では、大雑把な提案になることが多いので、ここから対話で深く掘り下げていきます。

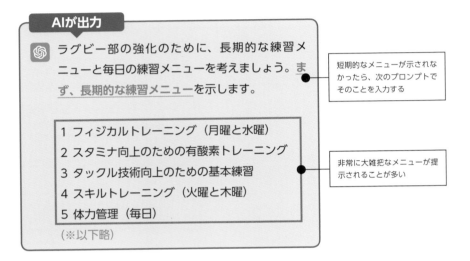

AIが出力

🤖 ラグビー部の強化のために、長期的な練習メニューと毎日の練習メニューを考えましょう。まず、長期的な練習メニューを示します。

> 1 フィジカルトレーニング（月曜と水曜）
> 2 スタミナ向上のための有酸素トレーニング
> 3 タックル技術向上のための基本練習
> 4 スキルトレーニング（火曜と木曜）
> 5 体力管理（毎日）

（※以下略）

短期的なメニューが示されなかったら、次のプロンプトでそのことを入力する

非常に大雑把なメニューが提示されることが多い

- 同じプロンプトを入力しても、提案されるメニューは毎回異なります。全く的外れな出力だった場合、最初からもう一度やり直しましょう。

AIが出力

- 15分: ウォーミングアップ
- 45分: 体力トレーニング（有酸素運動と筋力トレーニング）
- 30分: 技術トレーニング（タックル、スクラム、ラインアウト、パス、スプリント）
- 20分: 戦術トレーニング（実戦シミュレーション、戦術の確認）
- 10分: クールダウンとストレッチ

> 雨の日や悪天候の場合は、体育館や校舎内でトレーニングを行いましょう。特にタックルやパスの基本技術は、屋内での練習でも有効です。
>
> 生徒たちが自主的にできる練習メニューを提供し、各自がスキル向上に取り組むことも大切です。また、季節に応じてトレーニングメニューを調整し、競技シーズンに向けて試合準備を整えましょう。頑張ってチームを強化し、毎年の初戦負けを克服しましょう！

雨の日のトレーニングメニューを提示したり、前向きなアドバイスをくれることも

74

展開例④ AIから再度の質問

●こちら側が情報を「伝え尽くした」と思えるくらい、質問を継続したほうがAIの提案の精度は上がります。また、展開例③のように最後に「まだ出力しないで質問を続けてください。」という一文を挿入しないと、こちらがまだ情報を伝えきれていないのに勝手に計画案を出力してしまう場合もあります。

AIが出力

 ありがとうございます。提供いただいた情報をもとに、修学旅行の計画案を続けて進めるために、以下の質問をさせていただきます：

1 修学旅行の1日目の午後に訪れる観光スポットについて、特別な希望や関心事はありますか？……（※以下略）

 質問や対話を何回も繰り返してみる。ChatGPTから的外れな質問がきたら、その旨は強く指摘してよい

展開例⑤ 計画案を出力するように指示する

●何度か質問や対話をした後に、以下のようなプロンプトを入力します。

教師が入力

これらの情報で計画が立てられるなら「では計画案を提案してください」。

まだ質問を続けたい場合は、質問を続けてください。

> 質問に対する回答を入力して、最後の部分にこの2文を挿入する

●すると、旅行の計画案が出力されます。しかし、この段階では計画は、現実的でなかったり、大雑把で細部が詰められていない部分が当然あります。案が提示された後に、どこが現実的でないのかを指摘し、具体的な修正を指示するプロンプトを入力して、計画案を使えるものにしていきましょう。

AIが出力

 了解しました。提供いただいた情報をもとに、修学旅行の計画案を提示いたします。修学旅行の詳細な計画は以下の通りです

1日目（10/25）：

午前中：松山空港から羽田空港への飛行機移動

午後：羽田空港から新宿付近のホテルへのバス移動

夕食：自由時間として、新宿エリアで夕食を楽しむ

2日目（10/26）：……（※以下略）

─────────── 応用編 ───────────

●提案された旅行計画案自体をコピペして、新しくChatGPT（「新しいチャット」）を開いて、案の完成度や課題を聞くのもよいです。AIは自分が出した案についても客観的に判断して問題点を指摘します（右ページ画像参照）。

●上の応用編をさらに応用する方法として、自分の所属する学校の修学旅行や遠足の計画について、ChatGPTに評価してもらうのもよいかもしれません。課題が指摘されたら、その部分をどのように修正すればよいのか、代案なども聞いてみましょう。

修学旅行計画について、いくつかの修正点や問題点が見受けられます。以下に挙げてみましょう：

1. 移動時間が長すぎる：
   - 1日目と3日目における空港からの移動時間が長すぎます。特に、1日目の移動は半日以上かかり、効率が悪いです。修学旅行の魅力を最大限に引き出すためにも、できるだけ時間を有効活用するべきです。
2. 1日目の夕食が新宿エリアでの自由時間：
   - 1日目の夕食が自由時間とされていますが、学生たちが新宿エリアで夕食を探すことは、場所や選択肢の多さからストレスを与える可能性があります。グループでの食事場所を提案するか、あらかじめ予約しておくことが望ましいでしょう。
3. ディズニーランドの訪問：
   - ディズニーランドへの訪問は楽しいですが、そのためには多くの時間が必要です。1日目の移動時間を短縮し、2日目を全日ディズニーランドで過ごすことを検討するか、もしくは2日目を休日に設定して全日ディズニーランドに充てることを検討してみてください。

 実践者からのワンポイントアドバイス

　学校での一大行事となっている修学旅行。教師も生徒も「素晴らしい旅行にしたい」と思いますが、なかなか改革できないのも現実です。その理由として、新しい案を考えて計画の細部を詰めるのに膨大な時間がかかってしまい、結局調整がつかず時間切れとなることが多いことがあげられます。ChatGPTはアイデアを出すのが得意なので、プロンプトさえしっかりしていれば、新しい修学旅行案が提示されます。各学校でさまざまな旅行の条件や制約があると思いますので、それをプロンプトに上手く組み込みましょう。

　ただし、一挙に全ての条件や制約を漏れなく組み込むのは難しいので、ChatGPTに質問してもらいながら、徐々に情報を取り込んでいく方法をとるのがおすすめです。この質問と回答を繰り返す対話によって、修学旅行案の精度は上がっていきます。

　また応用編に書きましたが、出力された案の検証もChatGPTに任せてみましょう。従来の修学旅行計画もChatGPTに聞いてみると、課題や改善点を示してくれます。「なるほど」と思う指摘もあれば「それはわかってないな」という回答もあります。

　しかし、計画案の構築スピードがとても早いので、膨大な時間がかかって時間切れという事態は防ぐことができるでしょう。生徒たちの一生の思い出に残る素敵な修学旅行計画が完成するとよいですね。

(和田)

AIが生成した文章は常に正しい!?「ハルシネーション」を体験しよう

コラム

ここでちょっと一息。生成AIを使うなら、そのデメリットも子どもたちとともに理解しておきたいものです。そのためのちょっとした「体験」の方法をご紹介します。

■ 生徒に ChatGPT を体験させる前に知らせておきたいことがあります

ここまで読んで、AI ってどれくらい信用できるの？　と疑問に思った方も多いでしょう。結論から言えば、自然言語処理をおこなう大規模言語モデル (LLM) は、事実とは異なる情報を生成することがあります。これを「ハルシネーション」といいます。

最新の精度の高いLLMは、事前に学習した膨大なテキストデータをもとにそれらしい文章を生成するため、一見矛盾なく正しいことを言っているように見えます。しかし、よく読むと、間違えなどが含まれているので、高度なリテラシーが必要なのです。

子どもたちにAIを体験させるならば、事前にこうしたハルシネーションの仕組みを説明しておくことをおすすめします。以下の①〜⑦は、このことを体感するために私が小学4年生に実践している授業です。

ハルシネーションを指摘する子どもたち

① 文科省の「ガイドライン」を確認する

　2023年7月4日に文科省から発表された「初等中等教育段階における生成AIの利用に関する暫定的なガイドライン」（QRコード参照）には、ハルシネーションの説明に加えて、以下のような記述があります。

> 対話型生成AIを使いこなすには、指示文（プロンプト）への習熟が必要となるほか、回答は誤りを含むことがあり、あくまでも「参考の一つに過ぎない」ことを十分に認識し、最後は自分で判断するという基本姿勢が必要となる。回答を批判的に修正するためには、対象分野に関する一定の知識や自分なりの問題意識とともに、真偽を判断する能力が必要となる。

　生成AIの教育利用の方向性には、「事前に生成AIの性質やメリット・デメリット、AIには自我や人格がないこと、生成AIに全てを委ねるのではなく自己の判断や考えが重要であることを十分に理解させること」と記載されており、生成された情報が正しいかどうかを自分で判断できる能力が必要になります。

> 学校外で使われる可能性を踏まえ、全ての学校で、情報の真偽を確かめること（いわゆるファクトチェック）の習慣付けも含め、情報活用能力を育む教育活動を一層充実させ、AI時代に必要な資質・能力の向上を図る必要がある。

　これらのことを踏まえ、子どもたちに以下の手順を体感させていきます。

・さまざまな種類の生成AIについて知りそれぞれの利用規約を確認する
・画像生成AIや文章生成AIに教師がプロンプトを入力して体験する
・読書感想文を生成させてハルシネーションについて指摘する

② さまざまな種類の生成AIについて知る

生成AIには文章を生成するAIの他に、画像や音楽、動画などを生成するAI
があります。具体的な授業展開例としては、まずはChatGPTに生成AIとは何
かについて教師がプロンプトを入力して尋ねます。子どもたちは瞬時に回答
が生成される様子に驚くでしょう。

教師が入力

生成AIについて小学4年生に分かりやすく説明して ●

> 「小学4年生に分かりやすく」
> と入力することで生成される
> 文章がやさしくなる。最初は
> ただ「生成AIについて説明し
> て」と入力し、生成された文
> 章に対して「小学4年生に分
> かるように説明して」と返信
> してもよい

AIが出力

もちろんです！生成AI（Generative AI）は、コンピューターやロボット
などの機械が、自分で新しいものを作ったり、新しいアイデアを考えたり
することができる特別な種類の人工知能のことです。小学4年生に説明す
ると、次のように言えますね。

生成AIは、コンピューターが人間のように「何か新しいものを考え出す」
ことができる魔法のような力を持っています。たとえば、絵を描いたり、
小説を書いたり、音楽を作ったりすることができます。これらの生成AIは、
たくさんの情報を学んで、それを元に新しいものを作り出すことができる
のです。

たとえば、絵を描く生成AIは、たくさんの絵を見て学び、それを元に自分
で素敵な絵を描くことができます。小説を書く生成AIは、たくさんの小説
を読んで学び、新しいストーリーを考え出すことができます。音楽を作る
生成AIは、たくさんの音楽を聴いて学び、美しい音楽を作り出すことがで
きます。

つまり、生成AIは学習と創造力を組み合わせたスーパーコンピューターの
ようなもので、新しいアートやアイデアを生み出すお手伝いをしてくれる
んです。将来、生成AIは私たちの生活を楽しく、便利にするために使われ
ることが増えてくるでしょう。

③ 利用規約について確認する

　驚いた子どもたちに対し、「アプリなどを新しく利用する際には必ず利用規約を確認しなければいけないこと」を伝えます。利用規約を確認すると、子どもたちは残念ながら小学生では利用できないことを理解します。

④ 画像生成AIについて体験する

　小学生が自由にプロンプトを入力して生成AIを体験することはできませんが、意見を収集して教師が代わりにプロンプトを入力して利用することは可能です。中学生以上であれば、保護者同意のもとで体験させましょう。今回の授業では無料で利用できる「Bing Image Creator」と「Canva DALL·E」を利用しました。右の画像は児童から出た意見「教室にいるパンダ」というプロンプトを入力し、実際に授業中に生成した画像です。

⑤ AIに感想文を書かせる

　生成AIで何ができるのかある程度理解したところで、AIに読書感想文を作成させます。ここでは国語の授業ですでに学習してあらすじを知っている「一つの花」についての感想文を書かせました。このプロンプトはあらすじや自分の体験を入力せず、あえて、ハルシネーションが起こりやすいようにしています。

教師が入力

1975年初版発行の今西祐行が著者である「一つの花」についての感想文を400文字で書いてください。　▶

別の作品の感想文にならないように限定する

文章が長くなりすぎないように限定する

⑥ 子どもにハルシネーションを指摘させる

> **AIが出力**
>
> ✦ 1975年初版発行の今西祐行の「一つの花」は、太平洋戦争末期の日本を舞台にした、幼い少女・ゆみ子の父親の戦争出征を見送る物語である。
>
> 物語の冒頭で、ゆみ子は「一つだけちょうだい」が口癖だ。これは、戦争の激化によって食料不足が深刻化しており、両親がゆみ子にお腹いっぱい食べさせてあげられないことを表している。そんなある日、ゆみ子の父親にも召集令状が届き、出征することになる。
>
> 出征当日、ゆみ子と母親は父親を見送りに駅へ行く。父親はゆみ子にコスモスの花を一つだけ渡し、戦地から帰ってくるまで大切にしておくように言う。
>
> 父親の出征後、ゆみ子は一人で母親と暮らすことになる。戦争の激化によって、食料や物資はますます乏しくなり、ゆみ子一家は苦しい生活を送ることになる。
>
> しかし、ゆみ子は父親からもらったコスモスの花を大切にしており、それが彼女の心の支えとなっていた。そして、戦争が終わり、父親が帰ってくる日を待ち続けた。
>
> 物語のラストシーンで、<u>父親は戦地から無事に帰ってくる。ゆみ子は父親に抱きつき、涙を流す。</u>（後略）

　子どもたちは生成AIが優秀であることを体験しているので、学習したあらすじと違っていることに気付いても、なかなか指摘することができません。例えば、下線部は物語で語られていない部分です。

　このことを理解した子どもたちは、「教科書には載っていない裏の話があるのでは？」と考え自分たちで調べ始め、しばらくしてようやく間違いであることに気付きました。大部分があっているのでしっかりと物語を読み込んでいても間違いを指摘するのは難しいのです。

　その後は、「他のところも違っているのではないか」や「ただのあらすじを書いているだけで感想文になってない」という意見が挙がり、生成AIの作成した文章を批判的に捉え判断するようになりました。

中学生以上であれば大規模言語モデルが確率を使って次の単語を予想していることについて説明するのもよいでしょう（確率は中学2年生の数学で学習します）。

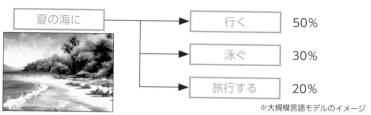

※大規模言語モデルのイメージ

大規模言語モデルはたくさんの文章を学習して、次に来る単語が何かを予想しています。例えば「夏になると、海に……」という文があったとき、次の単語として「行く」とか「泳ぐ」が来る確率が高いと予想します。学習した情報をもとに、次の単語が何かを確率で予想して文章をつくりあげています。

確率の高い単語を予想するという仕組みを理解することで、その確率を高めるためのプロンプトの重要性についても理解しやすくなるでしょう。

POINT 実践者からのワンポイントアドバイス

初めて生成AIを利用する際には必ず伝えておきたい内容です。子どもたちの振り返りには「AIはとても便利な機械だけど間違えている文もあるので、AIが言っていることが全てあっているわけではないことに注意する」や「AIはつくる文章が必ずあっているとは限らないので自分で判断をしないといけないとわかりました」などと書かれていました。身近にAIがどんどん使われるようになり、小学生でも触れる機会は多くありますので、正しい知識をもって判断していかなければいけません。文科省のガイドラインにも「各種コンクールの作品やレポート、小論文などについて、生成AIによる生成物をそのまま自己の成果物として応募・提出すること」は適切でないと記載がありますが、生成AIの得意なことと不得意なことを理解して、より適切な場面で活用できるように指導していく必要があります。

間違うことがあるから使わせないのではなく、間違うことも理解して正しく活用していきましょう。思った通りの回答が得られないときは、より正しい回答を生成できるようなプロンプトを学習する絶好の機会です。

（古川）

成功率
★★★★☆

スキル
12

AIの質問に答えるだけで完成する！
「学級だよりの
草案作成」

■ 学級だよりをもっと発行して、生徒や保護者と密につながりたい！

　学級だよりを発行してクラスの様子を保護者へ伝えたいのですが、作成に時間がかかってしまい後回しになりがちです。AIを使えば、学級だよりの草案を一瞬で作成することができます。その草案を元に、学級だよりをつくりあげ、レイアウトを完成させると時間短縮になります。スキマ時間でできます。

実践レビュー

ここがスゴイ！

- クラスの様子や連絡事項をキーワードを中心に伝えるだけで学級だよりの草案が完成
- 手軽に作成できるため、短縮できた時間を生徒のために使える

ここに注意！

- プロンプトを明確にしないと、AIの提案がいい加減になる
- AIが生成した学級通信について、必ず教師が内容の妥当性をチェックし、紙面のデザインを考える

スキマ時間でできる！

学級だよりの発行頻度が上がる！

コピペ用text

▶ **プロンプト実例①** AIに学級だよりを生成する指示を出す

● ChatGPTに役割と何をしていくか指示します。

教師が入力

- [ ] あなたは教師であるユーザーのニーズに合わせて親身に提案するように働いて下さい。

- [ ] このプロンプトはChatGPTによって実行されます。

- [ ] あなたのゴールは、保護者への文書を作成し提案することです。

　- [ ] # 保護者への文書の内容を理解してください。

　- [ ] あなたが理解した内容は、私に返答しないでください。

　- [ ] プロンプトを理解したら、何も表示しない。

保護者への文書

学級だより

- 学級の日常や今後の予定を保護者に伝えるお便りです。

学級だよりの作成手順

ステージ1：学級だよりに何の項目を入れるか把握する

1．質問1：

　- 尋ねる：「学級だよりの題名は何ですか？」

　- 応答を待つ

2．質問2：

　- 尋ねる：「本日のトピックは何ですか？」

　- 応答を待つ

3．質問3：

　- 尋ねる：「保護者への連絡事項は何ですか？」

　- 応答を待つ

4．質問4：

　- 尋ねる：「今後の予定は何ですか？」

　- 応答を待つ ▶

最初に「教師に提案する」と設定すると、回答が正確になる

この指定が重要！
ゴールを指示しないと、正しく反応しない

ChatGPTが取り組む内容を定義する

教師のニーズを把握できるようにする

最後にこの文書を入れておかないとChatGPTが質問しないで勝手に学級だよりを作成する場合があるので、応答を待つよう指示する

※ここから先の展開はあくまで一例です。AIによる出力結果は毎回異なります。

展開例②　AIが質問を出力する

●ChatGPTが質問への回答を出力します。指示通り動けば一通り質問を出力したら、待機するはずです。

AIが出力

理解しました。学級だよりの作成手順に関する質問と指示が与えられました。保護者への文書を作成するために、以下のステップに従って進めていきます。

ステージ1：学級だよりに何の項目を入れるか把握する

質問1：学級だよりの題名は何ですか？
質問2：本日のトピックは何ですか？
質問3：保護者への連絡事項は何ですか？
質問4：今後の予定は何ですか？

保護者への文書を作成するために、上記の情報に基づいて学級だよりの内容を整理し、提案いたします。何か具体的な情報やアドバイスが必要でしたら、どうぞお知らせください。

こちらで指定した質問事項を質問しているか確認

ここでChatGPTが一気に質問してくる場合もあれば一つ一つ質問してくる場合もある

ワンポイント！

質問1～4の項目について、AIから質問を受けて、教師が回答する形にすることで、毎日の学級だよりの作成が簡単に繰り返せるようになり、自分にとっての「習慣」となっていく

展開例③　AIからの質問に答える

●学級だよりに必要な内容のキーワードを入力します。プロンプト実例①と同様に最後に文章の作成条件を指定するまで、ChatGPTが先に進まないように指示しておきます。

教師が入力

威風堂々通信

野外会食会を実施したが、あいにく雨のため各クラスで集合写真だけ撮影して解散した。

10月12日の運動会実施時は保護者の観覧が可能です。

10月12日運動会、10月20日創立150周年式典

この回答を元に文章を書くときの条件を伝えます。

条件が提示されるまで文章の作成は待って下さい。▶

> 学級だよりに入れたいことを箇条書きで入力

> こちらの指示無しにChatGPTが先に進まないように指示

展開例④　AIが次の指示を待つ

● 指定した通り、ChatGPTが次の指示を待ちます。精度の高い草案を作成するためには、一気に情報を伝えるのではなく細かくAIと対話しながら進むことが必要です。

AIが出力

了解しました。条件が提示されるまで文章の作成を待ちます。条件がお知らせされた際に、指示に従って文章を作成いたします。**どのような条件で文章を作成すればよいかお知らせください。**

> こちらの指示があるまで待機しているか確認

展開例⑤　AIへ思考の手順や提案方法を指示する

● 学級だよりを作成するための指針と提案の仕方を指示します。できるだけ細かい指示をするのがポイントですが、一度に入力する指示が多くなりすぎないようにします。

教師が入力

ステージ2：学級だよりを検討する

- 回答のあった項目を元に文章を検討します。

ステージ3：学級だよりを提案する

- 学級通信風にして提案します。

- 大見出しや小見出しは太字にします。▶

> 学級だよりを作成するための指針

> 提案の仕方を指示

▶ 展開例⑥　AIが作成した学級だよりの草案を確認する

● ChatGPTが学級だよりの草案を出力するので、教師がすべてしっかり確認
し、必要であれば加筆修正して学級だよりを完成させます。

AIが出力

 了解しました。ステージ2の情報を元に、学級通信風の提案を行います。以下が提案された学
級だよりです：

威風堂々通信

最新情報とお知らせ

1. 野外会食会の結果

先日、野外会食会を開催しましたが、残念ながら天候の影響で雨が降りました。そのため、予
定通りのアクティビティは中止となり、各クラスで集合写真を撮影した後、解散となりまし
た。天候には勝てませんが、子供たちは楽しいひとときを過ごしました。

> 教師が入力した文言が
> 読者が読みやすくなるよう
> 整理して出力される

2. 10月12日の運動会について

次回のイベントは、10月12日の運動会です。このイベントでは、保護者の方々も観覧いただけ
ます。お子様たちの活躍を間近で見守りながら、素晴らしい一日を楽しんでいただけることで
しょう。

3. 10月20日の創立150周年式典について

また、10月20日には創立150周年式典が行われます。これは特別な日であり、学校全体で盛大
に祝います。詳細情報や参加方法については、後日お知らせいたします。

ご不明点や質問があれば、どうぞお気軽にお問い合わせください。これからも、子供たちの成
長と学習に関する大切な情報をお伝えしていきますので、どうぞお楽しみにしていてくださ
い。

ご理解とご協力を賜り、ありがとうございます。

> 定型のあいさつなども
> 追加されている

威風堂々学校 教職員一同

──────── 応用編 ────────

●今回のプロンプトの前半部分は「保護者への文書」を作成するための基本となるプロンプトです。

後半の赤字の部分を少し書き換えるだけで、「学級だより」をはじめ、「運動会開催について」や「文化祭開催について」などの保護者宛の文書の草案を作成可能です。

教師が入力

- [ ] あなたは教師であるユーザーのニーズに合わせて親身に提案するように働いて下さい。
- [ ] このプロンプトはChatGPTによって実行されます。
- [ ] あなたのゴールは、保護者への文書を作成し提案することです。
    - [ ] # 保護者への文書の内容を理解してください。
    - [ ] あなたが理解した内容は、私に返答しないでください。
    - [ ] プロンプトを理解したら、何も表示しない。

保護者への文書
保護者宛連絡社外文書
- 学校の行事や取り組みを保護者に伝える社外文書です。
保護者宛連絡社外文書の作成手順
ステージ1：保護者宛連絡社外文書に何の項目を入れるか把握する
1. 質問1：
   - 尋ねる：「連絡したいキーワードは何ですか？」
   - 応答を待つ
ステージ2：保護者宛連絡社外文書を提案する
- キーワードを元に提案年月日から日本の季節にある時候の挨拶を入れて600字の挨拶文を提案します。 ▶

POINT 実践者からのワンポイントアドバイス

　汎用性のあるプロンプトを前半に記載しています。後半部分に具体的かつ詳細な指示を記述することで、保護者宛のさまざまな文章の草案が作成可能となります。また、随所に「応答を待つ」などのプロンプト入れることで、AIが先走って提案しなくなるので、自分のペースで言葉のキャッチボールをしながら、希望する文書を作成することができるようになります。なお、レイアウトは事前に準備しておき、出力内容を吟味した上で紙面を完成させるとよいでしょう。　**(井上)**

成功率 ★★★★☆

スキル 13

若手教師でもしっかりと回答できるようになる！

「保護者対応の想定問答らくらく作成」

■ 保護者の問い合わせに対して親身に対応したい

保護者からの問い合わせは多岐にわたり、対応に追われることも多いです。特に若手は、自分ではよくわからない内容の問い合わせがあった時に返答に困ることがあります。ChatGPTで想定される問い合わせのQ&Aを事前に作成しておけば教員一同統一された保護者対応が可能となります。

実践レビュー

ここがスゴイ！

- 保護者からの問い合わせは、かなり的を射た回答が提案される
- 自分の知らない分野でも模範回答が提案される

ここに注意！

- プロンプトが適切でないと、AIの提案がいい加減になる
- AIが生成した回答はベテランの教師が妥当性を事前にチェックしておく

マニュアルを作成することで統一した対応が可能！

保護者の問い合わせの一般的な回答を生成！

コピペ用text

▶ **プロンプト実例①**　　AIに問いの生成を指示

● ChatGPTに「教師に提案する」という役割を与えた上で、順番に何をしていくか指示します。

教師が入力

- [ ] あなたは教師であるユーザーのニーズに合わせて親身に提案するように働いて下さい。

> 最初に「教師に提案する」と設定すると、回答が正確になる

- [ ] このプロンプトはChatGPTによって実行されます。
- [ ] あなたのゴールは、保護者への問い合わせに対する一般的な模範回答を作成し提案することです。

> この指定が重要！
> ゴールを指示しないと、正しく反応しない

　- [ ] # 保護者対応マニュアルの内容を理解してください。

　- [ ] あなたが理解した内容は、私に返答しないでください。

　- [ ] プロンプトを理解したら、何も表示しない。

保護者対応マニュアル

保護者からの問い合わせ

> ChatGPTが理解すべき保護者対応マニュアルを定義する

- 日頃の学校生活において保護者からの問い合わせに、真摯に回答する返答案を提案する。

保護者からの問い合わせ手順

ステージ1：保護者からの問い合わせ内容を把握する。

ステージ2：保護者からの問い合わせを検討する。

> ChatGPTが取り組む内容を定義する

- 回答のあった項目を元に文章を200字程度で検討する。

ステージ3：保護者からの問い合わせの回答を提案する。

- 保護者に真摯な態度が伝わるような文章を提案する。

質問：

> 教師に問い合わせ内容を入力するような出力を要求するためのプロンプト

　- 尋ねる：「保護者からの問い合わせ内容は何ですか？」

応答を待つ ▶

> 最後にこの指示を入れておかないとChatGPTが質問しないで対応マニュアルの作成に進む場合がある

※ここから先の展開はあくまで一例です。AIによる出力結果は毎回異なります。

▼ 展開例② AIが作成した提案を参考にしてマニュアルを作成

● 教師はChatGPTから「問い合わせ内容は何ですか？」と質問されたら、保護者からよくある問い合わせを入力し、ChatGPTに模範回答を生成させます。必要であれば加筆修正して保護者対応マニュアルを作成していきます。

AIが出力

 質問: 保護者からの問い合わせ内容は何ですか？

> 保護者から出そうな問い合わせについて、何でも ChatGPT に聞いてみる。しかし、表示された内容が妥当かどうかは吟味が必要

教師が入力

 最近自分の子どもの学習意欲がありません。どのような声かけをするといいのでしょうか。

AIが出力

 保護者からの問い合わせ内容: 最近自分の子どもの学習意欲がありません。どのような声かけをするといいのでしょうか？

保護者の懸念に真摯に応えるために、以下のようなアドバイスを提案します：

1. 聞き手になる：まず、子供の気持ちや考えを尊重し、彼らがなぜ学習意欲を失っているのかを理解しようと努力してください。子供に話を聞くことは、彼らがあなたのサポートを感じる大切なステップです。
2. 質問を使う：子供に対してオープンな質問を投げかけましょう。例えば、「学習に興味を持たない理由は何だと思う？」と尋ねることで、彼らの視点を聞き出せます。
3. 共感と理解：子供の感情や経験に共感し、理解を示しましょう。彼らがストレスやプレッシャーを感じている場合、それを認識し、助けを提供することが重要です。
4. 目標設定：一緒に目標を設定し、子供が達成感を味わえるようにしましょう。小さな成功体験が学習意欲を高めるのに役立ちます。
5. 褒める：子供が努力や成果を出したときは、褒めて励ましましょう。ポジティブなフィードバックは学習モチベーションを向上させます。
6. 学習の楽しみを見つける：子供の興味や趣味に基づいた学習の方法を探しましょう。彼らが楽しむことができる学習活動を提案することが大切です。
7. サポートを提供する：必要であれば、学習におけるサポートを提供しましょう。家庭教師や学習支援プログラムを検討することも考えられます。

最も重要なのは、子供とのコミュニケーションを大切にし、彼らのニーズに合ったサポートを提供することです。保護者の理解と協力が、子供の学習意欲を回復させる鍵となります。

教師が入力

最近自分の子どもが元気がありません。学校でいじめられている形跡はありませんか？

AIが出力

保護者からの問い合わせ内容:最近自分の子どもが元気がありません。学校でいじめられている形跡はありませんか？

保護者の懸念に真摯に応えるために、以下の手順を提案します：

1. 子供とのオープンな対話：まず、子供とのオープンかつ優しい対話を促しましょう。彼らが何を感じているのかを聞き、彼らの視点を理解しようと努力しましょう。
2. 注意深い観察：子供の様子や行動を注意深く観察し、不安や変化があるかどうかを確認しましょう。学校での変化や友達との関係についても尋ねてみてください。
3. 学校との連絡：必要であれば、学校との連絡を取りましょう。教師や学校カウンセラーに、子供が学校で問題を抱えている可能性について尋ねることができます。
4. 学校での状況を尋ねる：子供に学校での経験を尋ね、いじめや問題行動の形跡があるかどうかを確認しましょう。子供が不快な経験を共有しやすい環境を提供しましょう。
5. サポートを提供する：子供がいじめや他のストレス要因に直面している場合、感情的なサポートを提供し、必要な場合は専門家の協力を検討しましょう。
6. 証拠を収集：いじめの痕跡があるかどうかを確認するために、子供から証拠や具体的な出来事について話を聞いてみましょう。証拠がある場合、学校に報告する際に役立つことがあります。

最も重要なのは、子供の安全と幸福を最優先に考え、彼らが困難な状況に対処できるようにサポートすることです。保護者と学校の協力が、子供の元気を取り戻すのに役立ちます。

> これは内容的に、教師の回答としては不十分なため、AIと対話して回答の精度を上げるか、人間が手を入れて模範回答を完成させる

POINT 実践者からのワンポイントアドバイス

保護者の問い合わせは多岐にわたります。新任の教師は困ったら先輩に相談できればいいのですが、タイミング的にできないこともあります。ベテランが想定問答をつくっておくと役立つのですが、作成には手間がかかります。そこで、ChatGPTを活用して対応マニュアルを作成します。ゼロからマニュアルをつくるのは大変な時間がかかりますが、AIがつくったベースを活用すれば、さほど負担なく完成します。また、教職員一同が保護者に対して統一された見解を伝えることが可能となり、不公平が生じることなく応対できるようになります。　　　**(井上)**

成功率
★★★★☆

「壁打ち」で対応を事前確認

スキル 14 「生徒指導シミュレーション」

■ 実際に生徒に声をかける前に……

　生徒指導をしていて、初めてのケースでどのように対応したらよいのか不安に思ったり、もっと別の指導方法があったのではないかと悩んだりすることはありませんか？　管理職や信頼できる先生に相談することはもちろん大切ですが、タイミングを逃して聞くことができないこともあります。そんな場合は、AIに指導方法を「壁打ち」して、マニュアルから外れたものでないかを確認したり、適切な声かけについてアイデアを出したりすることができます。

実践レビュー

ここがスゴイ！
- 生徒の状況を答えるだけで指導方法が提案される
- 指導方法に迷ったときに指導のアイディアが提示される

ここに注意！
- 生徒名などの個人情報を入力しない
- あくまでAIの意見。管理職や他の先生の意見も参考にしながら副次的に活用する

思いもよらなかったよい「言葉かけ」のアイデアが提示されることも！

※ChatGPT4で作成生した画像

100

コピペ用text

▶ **プロンプト実例①** AIに生徒指導の提案を指示

● まず、以下のプロンプトで、ユーザーの入力する具体的な状況に基づき、生徒指導の方法について提案するようにAIに指示します。

┌─ **教師が入力** ──────────────────────┐

- [ ] このプロンプトはChatGPTによって実行されます。

- [ ] 個人情報、特に識別可能な情報は尋ねないでください。　　　　　　● ── 個人情報については最大限注意する

- [ ] 初回は「生徒の具体的な状況を入力してください」とだけ返答する。　● ── この指示を入れないと、具体的な状況を伝える前にAIが適当な回答を返答してきてしまう

- [ ] その後の返答は生徒指導マニュアルに基づいて行います。

生徒指導マニュアル
- 学校生活での生徒の問題や状況に対して、生徒の感情を尊重した上で、建設的な指導を提案する。
対応手順
1．生徒の具体的な状況を理解する。
2．生徒の状況をもとに指導内容を検討する。　● ── ChatGPTが提案すべき生徒指導マニュアルや対応手順の方針を指示する。内容は変更や追記も可能
3．生徒の状況や感情を尊重した上で、建設的な提案をユーザーに伝える。　　　▶

└────────────────────────────────┘

※ここから先の展開はあくまで一例です。AIによる出力結果は毎回異なります。

▌ **展開例②** AIが質問を出力

● すると、AIが下記のような質問をしてくるはずです。

┌─ **AIが出力** ──────────────────────┐

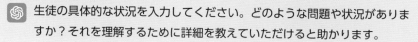 生徒の具体的な状況を入力してください。どのような問題や状況がありますか？それを理解するために詳細を教えていただけると助かります。

└────────────────────────────────┘

▌ 展開例③ 生徒の具体的な状況を入力

● 生徒の具体的な状況を入力して指導方法の提案をさせます。生徒名などの個人情報は入れないように注意してください。

例1

教師が入力

毎日遅刻してくる生徒がいます

AIが出力

 遅刻が頻繁に起きている生徒の状況は確かに懸念事項です。まず、その生徒に対するアプローチを考えてみましょう。

1. 生徒の具体的な状況を理解する：
   - 遅刻する生徒の背後にある理由や問題を特定するために、その生徒と対話し、その背後にある要因を探ります。可能ならば、生徒本人からその理由を尋ねてみることが大切です。
2. 生徒の状況をもとに指導内容を検討する：
   - 遅刻の原因が明らかになったら、その問題に対処するための具体的な戦略を考えます。例えば、交通の問題、家庭内の事情、学業のプレッシャーなどが遅刻の原因である可能性があります。
3. 生徒の状況や感情を尊重した上で、建設的な提案をユーザーに伝える：
   - 生徒に対して、遅刻の問題を解決するための支援を提供しましょう。これには以下のアプローチが考えられます。
   - 学業や予定の管理方法の改善をサポートする。
   - 家庭環境や個人的な問題に関して学校のカウンセラーやサポートスタッフへの紹介を行う。
   - 遅刻の影響について真剣に議論し、生徒に責任感を持たせる。

最終的には、生徒の個別の状況に合わせて適切なサポートを提供し、遅刻の問題を解決する手助けを行うことが大切です。

例2

教師が入力

AさんのスマートフォンをBさんが持って帰ろうとしていた

AIが出力

AさんのスマートフォンをBさんが持って帰ろうとしていたという状況は、重要な問題です。以下の対応手順を考えてみましょう。

1. 生徒の具体的な状況を理解する：
  - まず、詳細を確認するためにAさんとBさんの両方と対話しましょう。それぞれの視点を聞くことで、何が起こったのか理解できます。
2. 生徒の状況をもとに指導内容を検討する：
  - AさんとBさんの話を聞いた後、なぜBさんがAさんのスマートフォンを持って帰ろうとしたのか、その背後にある理由や動機を調査します。また、Aさんがどのように感じているかも考慮しましょう。
3. 生徒の状況や感情を尊重した上で、建設的な提案をユーザーに伝える：
  - AさんとBさんに対して、この問題を解決するための方法を提案します。以下のアプローチが考えられます。
  - 双方に和解の機会を提供し、誤解や不正解釈があった場合にそれを解明する支援を行う。
  - 生徒たちに、他人の財産やプライバシーを尊重する大切さを教育し、ルールや規則を守るよう促す。
  - 学校の関係者や保護者を巻き込み、問題を解決するために連携する。

最終的には、この問題を解決するために適切なサポートと教育を提供し、生徒たちに協力と責任の重要性を理解させることが大切です。

● 今回は簡単な生徒の状況を入力して回答を得ていますが、より具体的な内容を入れて場面設定をおこなうことで、より適切な提案がなされます。AIが出力した内容に対してさらに状況を追加したり、支援の方法について尋ねることも可能です。

●さらに、学校独自の指導方針や理念、注意事項やルールなどがある場合にはプロンプトに追加すると、さらに精度の高い回答が得られます。

教師が入力

- [ ] このプロンプトは [学校名] のChatGPTによって
実行されます。

- [ ] 個人情報、特に識別可能な情報は尋ねないでください。

- [ ] 初回は「生徒の具体的な状況を入力してください」とだけ返答する。

- [ ] その後の返答は生徒指導マニュアルに基づいて行います。

生徒指導マニュアル

- 学校生活での生徒の問題や状況に対して、生徒の感情を尊重した上で、建設的な指導を提案する。

- [学校名] では「生徒一人ひとりの成長」を大切にしています。

対応手順

1. 生徒の具体的な状況を理解する。

2. 生徒の状況をもとに指導内容を検討する。

3. 生徒の状況や感情を尊重した上で、建設的な提案をユーザーに伝える。

具体的な指導内容

- 授業中の不注意やトラブルの場合、授業後に個別に理由を尋ね、サポートの方法を考える。

[学校名] の注意事項

- 生徒は校内での携帯電話の使用を禁止されています。

- 生徒間のトラブルはまず担任教師に相談すること。

▶

プロンプトの冒頭に学校名を追加することで、より学校固有のカスタマイズを実現できる

「生徒指導マニュアル」の下や、対応手順の前に、学校独自の指導方針や理念を追記することができる

対応手順の後に、具体的な指導内容やその例を追記することができる

例えば、学校で特定の行動が禁止されている場合や、特定の制度がある場合、それを明記する

●初任者向けの
研修でも活用す
ることができま
す。まず、マ
ニュアルで、学
校の指導の基本
理念や価値観を
明確に伝えるこ
とで、全ての教
師が共通の指導

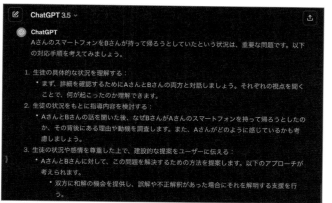

方針に基づいて行動できるようになります。さらに、マニュアルをベース
にしたシミュレーションやロールプレイを実施することで、具体的な生徒
の状況に対する対応の練習を積むことができます。

●研修が終了しても、マニュアルの定期的な見直しや更新を通じて、初任者を
継続的にサポートし、成長を助けることができます。

POINT　実践者からのワンポイントアドバイス

　生徒指導の目的は、一人ひとりの生徒の個性の伸長を図りながら、社会的な
資質や能力・態度を育成し、社会での自己実現が可能な資質・態度を形成して
いくことにあります。初任の時はどのように対応してよいのかわからず悩んだ
り、慣れてくると偏った指導に陥ったりすることがあります。AIを活用して生
徒指導のヒントを得て、これまでの指導の振り返りをおこないながら、個々の
生徒が自己指導能力を育成できるようにサポートしていきましょう。また、管
理職や同僚の教師と一緒に生徒指導の在り方や問題の解決方法を確認しながら、
プロンプトをブラッシュアップしていくとよいマニュアルができあがり、学校
全体の生徒指導のスキルも向上させることができます。AIはさまざまなアイデ
アや方法を提案できますが、目の前の生徒を一番よく理解しているのは教師で
す。AIの回答を上手に活用しながら、それぞれの生徒の個性を伸ばすことがで
きるような指導を目指しましょう。　　　　　　　　　　　　　　　(古川)

スキル 15

自由記述もらくらく要約！

「アンケートの 自由集計」

■ せっかくおこなったアンケートをもっと活用したい！

　行事や授業、学校生活についてなど、さまざまな場面でアンケートを実施していますが、それらを分析して改善する、ということがなかなかできていない学校が多いようです。特に自由記述で書いてもらっている部分については、そのまま放置しているのが現状です。何かよい方法はないでしょうか。

実践レビュー

ここがスゴイ！

- 自由記述のさまざまな大量の文章が要約される
- 要約に基づき、課題や問題点も提示される
- 次年度や次回の改善策、修正点も提案される

ここに注意！

- 生徒のアンケートをフォームなどデジタルデータで集める
- 最初から一気に分析するのではなく、１つずつ丁寧に分析していく

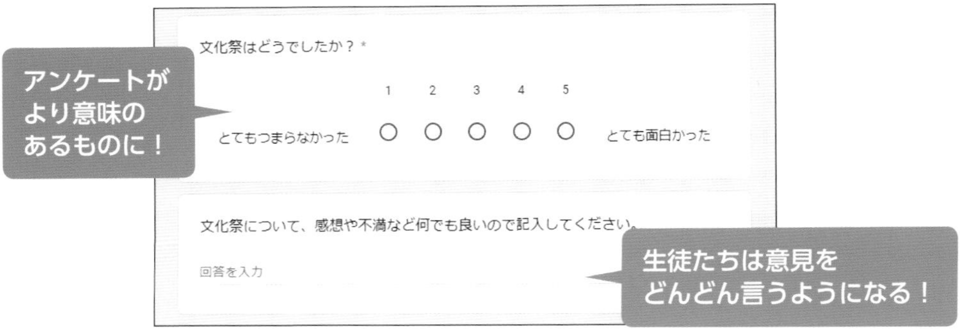

アンケートがより意味のあるものに！

文化祭はどうでしたか？ *

	1	2	3	4	5	
とてもつまらなかった	○	○	○	○	○	とても面白かった

文化祭について、感想や不満など何でも良いので記入してください。

回答を入力

生徒たちは意見をどんどん言うようになる！

コピペ用text

▶ **プロンプト実例①** 振り返りアンケートを実施

● Googleフォームなどでアンケートを実施して、生徒の自由記述の部分をまとめてコピーしておきます。それを、以下のプロンプトの<文章></文章>の間に貼り付け（ペースト）します。

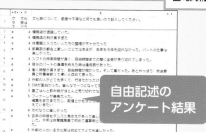

自由記述の
アンケート結果

教師が入力

\# 役割と指示
あなたは中学校の教師です。以下の<文章></文章>は文化祭が終わった後に実施した中学3年生の意見です。これらを要約してください。

<文章>
（ここにコピペ）
</文章>

最初に役割と指示を明示すると、回答が正確になる

この部分に生徒の自由記述のテキストデータをコピペする

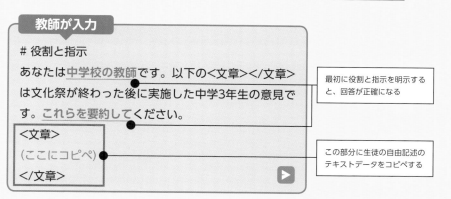

※ここから先の展開はあくまで一例です。AIによる出力結果は毎回異なります。

■ **展開例②** AIが瞬時に自由記述を要約

● さまざまな意見をまとめたり分類したりして、瞬時に要約が完成します。

AIが出力

 生徒の意見を要約すると、以下のようになります：
生徒の多くは文化祭を楽しんだが、模擬店での食べ物が早く無くなり、列が長すぎたという不満がありました。
生徒たちはバンドやダンスのパフォーマンスを楽しんでおり、体育館でのイベントが特に印象的であったようです。
（※中略）
また、一部の生徒は文化祭を通じて成長し、先輩から学び、高校での活動に向けて意欲的になったと述べており、全体的には楽しい1日だったというポジティブな意見もありました。

▌ 展開例③　アンケート結果を踏まえ改善策を出すように指示

● 要約した意見をもとにして次年度の修正点や改善策を示すように指示します。

教師が入力

上記の要約を踏まえて、<u>次年度に向けた修正や改善策</u>を示してください。　▶

一度にたくさん指示せず、一つずつ丁寧に指示していくとよい

▌ 展開例④　文化祭の改善策が提案される

● 要約に応じて、多くの場合、以下のような章立てや箇条書きでわかりやすい提案が出力されます（章立てでないときもあります）。

AIが出力

 生徒の意見を踏まえて、<u>次年度の文化祭に向けた修正や改善策を以下に示します</u>：

模擬店の改善：食べ物の模擬店の供給量を増やし、食材が早く無くなる問題を解消する。

列の管理を改善し、待ち時間を短縮するために、列が長すぎないようにする。

模擬店の多様性：模擬店の種類を増やし、さまざまな食品を提供することで、<u>生徒が多様な選択肢</u>を楽しむことができるようにする。

アレルギー対応食品を提供する模擬店を設置する。

金券販売：金券の供給を増やし、生徒が文化祭内での支出をしやすくする。

特に指示しなくとも章立てになる場合が多い

もう少し詳しく聞きたい場合は、次の指示で聞いてみることも可能

 ワンポイント！　AIには一度にたくさんの指示を出さず、一つひとつ順を追って指示していくと回答の精度が上がる

応用編

● 改善策の中で、さらに詳細な
対策を提示させることもでき
ます。例えば、「『模擬店の改
善』とありますが、具体的に
はどのように改善し、待ち時
間を短縮することが可能です
か？」などと聞いてみると、
ChatGPTは瞬時に提案を返
してきます。

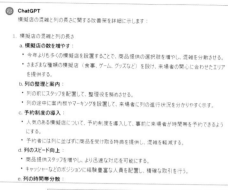

● 行事のアンケートだけでなく、授業の
振り返りや保護者からの意見、教職員
のアンケートなどさまざまなものに応
用可能です。

👆 POINT **実践者からのワンポイントアドバイス**

　学校はさまざまなアンケートを実施します。せっかく時間と手間をかけて実
施するのですから、意味のあるものにしたいですよね。特に、アンケートに書
いてあった反省点や課題などを改善できるようにしたいのですが、なかなか上
手く対応できていないのも現状です。今までは、「教師や生徒がアンケート結果
を見て、まとめて、議論して……」というふうに時間がかかっていましたが、
ChatGPTを使うとアンケート結果の要約、分析、改善点の提案などを瞬時にお
こなってくれます。しかも意見の要約については、人間よりも正確だと思います。
　私たち教師は、集計や要約といった事務処理的作業はAIに任せて、提案された
改善策が実際に可能なのかどうか、他に方法はないかなど、よりクリエイティブ
な仕事について時間をかけ、議論しましょう。そして、その議論を受けて実際に
行動することが大切です。学校に関わる多くの人の意見やフィードバックを取り
入れながら、学校全体（授業や校務など）の業務改善を実現していきましょう。

(和田)

成功率
★★★★☆

人間はメモをとるだけ

スキル
16

「かんたん議事録作成」

■ いつも同じ形式の議事録が瞬時に完成する

職員会議は学校運営を円滑に進めるために必要不可欠なものですが、作成する人によって議事録の書き方やまとめ方に差が出てしまいます。職員会議のメモから議事録を作成する作業をAIに任せて、時短かつ誰がつくっても同じフォーマットになるようにしましょう。

実践レビュー

ここがスゴイ！

● メモからフォーマットに沿って議事録が作成されるため、書き方が統一される
● 出力形式を指定できるのでどんな会議にも対応できる

ここに注意！

● 生徒情報などの個人情報は入力しないように注意する
● 内容が長すぎて読み込めない場合は複数回に分けてプロンプトに入力する

「仕事のための仕事」から開放される

AIが「秘書」代わりに！

コピペ用text

▶ **プロンプト実例①** 議事録の作成を指示

● 下記のプロンプトの「#内容」のセクションに会議のメモをコピー&ペーストするだけで、要求する出力フォーマットに基づいた議事録ができあがります。

教師が入力

プロンプト:
あなたはAIアシスタントであり、提供されたメモに基づいて、教員の職員会議の議事録を作成する役割を持っています。以下の「内容」セクションに入力される会議のメモから、**決定された事項**と各職員の**発言内容**を整理し、指定された出力フォーマットで議事録をまとめてください。ただし、発言に関しては、決定事項に関連するもののみを記載してください。

> 「決定された事項」と「発言内容」が必ず出力されるように強調する

出力フォーマット:
決定事項:
- [決定1]
- [決定2]
- ...

> 出力フォーマットは会議にあわせて変更ができる

発言内容:
- **[職員Aの名前]:** [職員Aの発言]
- **[職員Bの名前]:** [職員Bの発言]
- ...

> **の間にあるものは太字になって出力される

内容:
(ここに会議のメモを貼り付ける)

> ここに会議の内容を貼り付けていく

111

※ここから先の展開はあくまで一例です。AIによる出力結果は毎回異なります。

▼ 展開例② メモから議事録を作成する

● 例えば次のようなメモを入力すると下のような議事録が作成されます。

[会議メモ]
文化祭を再開するという提案が挙がる。長らく休止していたため、実施の形態についての議論が必要。
田中先生：「以前と同じように全校生徒が参加する形で実施したい。」→多数の先生が賛成。
山田先生：「部活動やクラスの出展だけではなく、テーマを設定して統一感を出すのはどうだろうか？」→未決定、再検討の方針。
前回の文化祭の反省点を挙げる。特に手作りのグッズ販売のブースは人気だったが、場所が狭く混雑していた。→場所を広げることが決定。
鈴木先生：「外部からの訪問者を受け入れるかの議論が必要。感染症の問題はないが、セキュリティや騒音問題を考慮すべき。」→未決定、再議することに。
美術部からの要望書。展示スペースが狭いため、もう少し広く取って欲しいとの意見。→展示スペースを広げることが決定。
食事について。前回の学内調理と販売は大変だったとの声多数。外部のフードトラックを招待する案が挙がる。→未決定、詳細を検討することに。
佐藤先生：「以前は1日だけの開催だったが、2日間に延長してはどうか？」→未決定、再議の方針。

AIが出力

決定事項：

- 文化祭は以前と同じように全校生徒が参加する形で実施することが決定されました。
- 場所を広げることが決定され、特に手作りのグッズ販売のブースの場所が広げられることとなりました。
- 展示スペースを広げることが決定され、美術部からの要望が受け入れられました。

発言内容：

- **田中先生**：「以前と同じように全校生徒が参加する形で実施したい。」
- **山田先生**：「部活動やクラスの出展だけではなく、テーマを設定して統一感を出すのはどうだろうか？」
- **前回の文化祭の反省点を挙げる。特に手作りのグッズ販売のブースは人気だったが、場所が狭く混雑していた。**
- **鈴木先生**：「外部からの訪問者を受け入れるかの議論が必要。感染症の問題はないが、セキュリティや騒音問題を考慮すべき。」
- **美術部からの要望書。展示スペースが狭いため、もう少し広く取って欲しいとの意見。**
- **食事について。前回の学内調理と販売は大変だったとの声多数。外部のフードトラックを招待する案が挙がる。**
- **佐藤先生**：「以前は1日だけの開催だったが、2日間に延長してはどうか？」

応用編

● 生成AIも会議の一員とし参加し、会話しながら進めることもできます。これなら、会議のメモをとることなく、プロンプトの入力だけで議事録を作成できます。AIを会議に参加させるためには、プライバシーの確保やデータセキュリティがクリアになる必要はあり

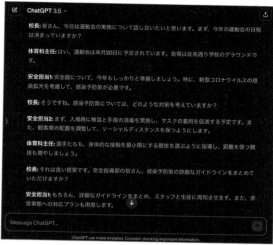

ますが、「先週の決定事項を再確認して」とか「ここまでの内容をまとめて」といった問いかけにすぐに応答してくれます。最終的な判断や意思決定は人間がするべきですが、強力なサポートツールとなります。教育現場でも異なる"人格"をもつAIが議論し合い、よりよい教育のアイデア出しをする日は遠くないかもしれません。

👆 POINT 実践者からのワンポイントアドバイス

　プロンプト実例①の「#出力フォーマット」に出力したい議事録の形式を入力して、さまざまなタイプの議事録を作成することができるので、職員会議の他にも学年会議や教科の打ち合わせなどあらゆる場面で活用でき、効率よく業務を進めることができます。AIは文章を要約することや誤字・脱字のチェックが得意なので、前回の会議内容を要約して記載しておくことや、作成した議事録の修正を依頼することができます。会議で決定したことを記録しておくことは重要なことですので、ドキュメントなどで共有して全職員がいつでも見られるようにしておきましょう。さらに、前回の会議内容と同じ形式で議事録を作成することや、複数の議事録から特定の内容だけを抽出することもできます。AIを積極的に活用して、作業にかける時間を可能な限り少なくし、よりよい教育活動について提案したり意思決定したりする、人間にしかできない仕事に集中していきましょう。

（古川）

業務効率を圧倒的に上げる!

成功率
★★★☆☆

研修後に一瞬で完成する

スキル **17**

「報告書の作成」

■ 研修報告書をまとめるのに時間がかかる

　教員にとって、研修は多くことを学べてスキルアップに欠かせない重要な業務です。しかし、他の教員や管理職と共有するための報告書を作成するためには、参加していない人にもわかるように文章をまとめる必要があり、時間と手間がかかります。研修中に作成してしまう方法もありますが、参加しながら誤字・脱字なくまとめる作業は高いスキルが必要で、誰でもできるものではありません。

実践レビュー

ここがスゴイ!

● 研修に集中できしっかりと振り返ることができる
● メモのとり方を変えるだけで数分で研修報告書を完成できようになる

ここに注意!

● 研修で何を学んだのか、今後に活かしたいことなどは、AIには理解できないので、正しいプロンプトでしっかりと入力する必要がある

報告書はすぐできるから
研修に集中できる!

誤字・脱字などの
ミスはほぼなし!

114

コピペ用text

▶ **プロンプト実例①** 　報告書を生成するプロンプトを作成

● 以下のようなプロンプトで研修の報告書を作成していきます。研修中は、「#
内容：」のところに記述する「学びや気付き」「今後どのように活かすか」
をノートなどにメモしていきます。

生徒が入力

\# プロンプト：
あなたはプロのライターとして教員の研修報告書を作
成するためのガイドラインを持っています。
以下の条件と内容に基づき、研修報告書のタイトルと
本文を作成してください。
\# 条件：
・文字数は500文字程度
・文章は簡潔かつ明瞭に
\# 内容：
・研修の主題や内容
・研修で得られた知識やスキル
・今後の取り組み
\# 出力：
タイトル：
本文：

> ChatGPTにライターの役割
> を与える

> 報告書のスタイルにあわせて
> 文字数などはアレンジする。
> 他にも必要な条件がれば「#
> 条件：」に追加する

> 研修中はここに入力すること
> を中心にメモをとっていく

> タイトルと本文を出力するた
> めの設定。このほかにも「研
> 修の目的」や「得られた知識
> やスキル」「今後の取り組み」
> など、記述したい項目があれ
> ば「# 出力：」に追加する

ワンポイント！ 研修の前に報告書の形式を確認しておき、プロンプトを完成させておくとよい。何
についてどの程度書くのかを明確にしておくことで、自分がとるメモの質が変わっ
ていく

▼ 展開例② 研修中に作成したメモを挿入する

● 研修後に、研修中に作成したメモを「# 内容:」の後に箇条書きで挿入します。後で思い出すのは大変ですので、研修が終わってすぐに作成し、AIの回答が正しいものか確認します。子どもたちの授業の振り返りと一緒です。研修の最後に実行してしっかりと振り返りをおこないましょう。

教師が入力

\# プロンプト:

あなたはプロのライターとして教員の研修報告書を作成するためのガイドラインを持っています。以下の条件と内容に基づき、研修報告書のタイトルと本文を作成してください。

\# 条件:

・文字数は500文字程度

・文章は簡潔かつ明瞭に

\# 内容:

・研修の主題は「個別最適な学び」

・「指導の個別化」では、支援の必要な子どもに重点的に指導を行うことや、一人ひとりの特性や学習進度、学習到達度に応じた指導方法、教材の選択、および学習時間の設定を行うことが求められ、ICTの活用が必要不可欠

・「学習の個性化」では、教師が子ども一人ひとりに適応した学習活動や学習課題へ取り組む機会を提供し、子ども自身が学習を最適に調整することが求められている

・子ども一人ひとりが適切な学習方法を選択できるよう、その時間のめあてを確認しながら適切なサポートを今後の授業で行っていきたい

\# 出力:

タイトル:

本文:

展開例③　AIの回答を確認する

●作成された文章に修正したい点や追加したい点があれば、テキストソフト
などにコピー＆ペーストして入力する他、AIに「この部分をこのように修
正して」「このことも追加して」と伝えて修正することもできます。「再生成」
や「他の回答案を表示」などのボタンを押し、もう一度生成することもで
きます。

AIが出力

 タイトル：「個別最適な学びの実現に向けた研修報告」
本文：

この研修報告書は、「個別最適な学び」に焦点を当てた教員研修の成果と
展望について述べます。指導の個別化と学習の個性化は、教育現場におい
てますます重要性を増しており、本研修はその実現に向けた一歩を踏み出
す貴重な機会でした。

「指導の個別化」において、支援の必要な子どもたちに焦点を当てた指導
方法を探求しました。一人ひとりの特性や学習進度に合わせた指導計画を
策定し、教材の選択や学習時間の最適化を行うためにICTの活用が不可欠
であることが明確になりました。これにより、子どもたちの学習効果を最
大化し、学習の適応力を向上させることが期待されます。

また、「学習の個性化」において、教師が子どもたちに対して適応した学
習活動や課題を提供しました。子どもたち自身が学習を最適に調整できる
よう、学習目標を明確にし、適切なサポートを提供する方法について研究
しました。これにより、子どもたちが自主的に学習を進め、自己成長を促
進する環境が整備されました。

今後の授業において、これらの研修で得た知識とスキルを活用し、子ども
たちが個別最適な学びを実現できるよう努力してまいります。教育の未来
は個別化と個性化にかかっており、私たちはその実現に向けて一丸となっ
て取り組む覚悟です。

●最初から一度で思った通りの回答はなかなか得られないこともよくあります。しかし、対話を続けていくことで修正されていき、よりよい回答が完成していきます。

　「# 条件：」に追加できる項目があれば、次回のためにプロンプトに追記して保存しておくのがおすすめです。例えば、「です、ますの表現は使わないで書きたい」「3つの構成に分けて書きたい」などの条件があらかじめ決まっていれば、プロンプトに加えます。形式が前回の研修報告書と同じものにする必要があれば、その研修報告書を貼り付けることで、さらに精度を上げられます

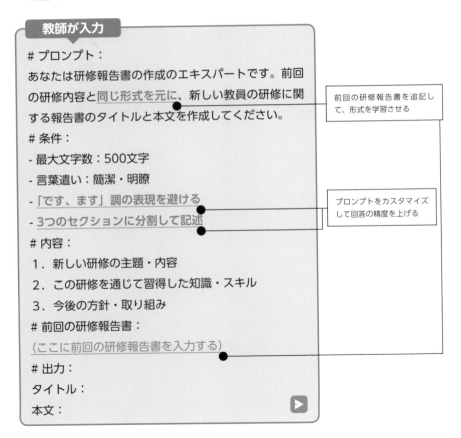

教師が入力

プロンプト：
あなたは研修報告書の作成のエキスパートです。前回の研修内容と同じ形式を元に、新しい教員の研修に関する報告書のタイトルと本文を作成してください。

前回の研修報告書を追記して、形式を学習させる

条件：
- 最大文字数：500文字
- 言葉遣い：簡潔・明瞭
- 「です、ます」調の表現を避ける
- 3つのセクションに分割して記述

プロンプトをカスタマイズして回答の精度を上げる

内容：
1．新しい研修の主題・内容
2．この研修を通じて習得した知識・スキル
3．今後の方針・取り組み
前回の研修報告書：
(ここに前回の研修報告書を入力する)
出力：
タイトル：
本文：

● メモ書きから報告書を起こすのではなく、自分ですべて作成した文章をAIに校正させることも可能です。おかしな表現がないかや誤字・脱字をチェックしてもらうことも可能です。

● 文章生成AIは要約が得意です。研修資料の画像をテキスト化したり、録音した音声データをテキスト化したりして、400字にまとめるといったことも可能なAIがあります。しっかりと話を聞きたいから録音しておく、メモを取りながら受講したほうが整理できるなど、どの部分を効率化するのか考え、AIを活用するとよいでしょう。

POINT 実践者からのワンポイントアドバイス

　研修報告書に記載したい内容を箇条書きでメモしていくだけで簡単に報告書ができあがります。事前にプロンプトを作成しておくことで、メモのとり方にも変化があらわれます。また、過去の報告書のデータをAIが学習することで、完成する報告書の精度はより上がります。

　しかしながら、効率よく報告書をまとめられたとしても、研修の内容を身に付けられなければ意味がありません。研修報告書は、研修の内容と成果を上司や同僚に伝えるという側面もありますが、どのような内容の研修がおこなわれ、自分自身がどれくらい理解でき、どのような情報や知識を得たかを確認する「振り返り」の意味があります。作成した報告書は、自分自身でしっかりと確認し、理解してから共有することが大切です。AIを活用する意義は、学びではない作業の時間を減らして、より効果的な学びや体験が得られる研修を実現することにあります。

(古川)

【監修】

田中善将（文部科学省：学校 DX 戦略アドバイザー）
Google 認定イノベーター

【著】

生成系 AI を使った教育活動を研究・実践する教師の会

・和田誠（愛光中学・高等学校）
Google 認定イノベーター・トレーナー
ロイロ認定ティーチャー・シンキングツールアドバイザー・授業デザイントレーナー

・井上嘉名芽（東奥義塾高等学校）
Google 認定イノベーター・トレーナー・コーチ
ロイロ認定ティーチャー・シンキングツールアドバイザー・授業デザイントレーナー

・古川俊（横浜市小学校教諭）
Google 認定イノベーター・トレーナー・コーチ

・伊藤圭亮（スクールエージェント）
Google 認定トレーナー・コーチ

授業・校務の大革命！
教師のための ChatGPT ホントに使えるプロンプト

2024年3月13日　　初版発行
2024年4月29日　　第2刷発行

著　　　者：生成系AIを使った教育活動を研究・実践する教師の会
発　行　者：花野井道郎
発　行　所：株式会社時事通信出版局
発　　　売：株式会社時事通信社
　　　　　　〒104-8178　東京都中央区銀座5-15-8
　　　　　　電話03（5565）2155
　　　　　　https://bookpub.jiji.com/

デザイン／DTP　　株式会社 アクティナワークス
印刷／製本　　株式会社 太平印刷社
編 集 担 当　　大久保昌彦